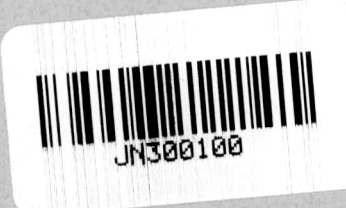

Basics of copywriting skills

ひと言で気持ちをとらえて、離さない

77のテクニック

キャッチコピー力《りょく》の基本

川上徹也

Tetsuya Kawakami

日本実業出版社

はじめに

こんな経験をしたことはありませんか？

- **いい商品のはずなのに、なぜか売れない**
- **徹夜して仕上げた企画書なのに、タイトルだけ見て、中身を読んでもらえなかった**
- **自分が書いたメルマガやブログの記事に、まったく反応がない**
- **上司や得意先から「結局、何が言いたいの？」とよく言われる**
- **会議で発言しても、そのままスルーされてしまう**

これらは、すべて「キャッチコピー力」が足りないせいです。

キャッチコピーというと、「コピーライターなどの専門職の人間が書くもの」と思っていませんか？

「刺さる、つかむ、心に残る」フレーズを書く能力は、何も広告コピーを専門とするコピーライターの専売特許ではありません。むしろ普通のビジネスパーソンにこそ、一番必要なスキルなのです。

企画書や提案書では、タイトルや見出しによって読む人間の真剣度合が変わってしまいます。お店の商品の前に立てる店頭POPも「引き」がなければ効果がありません。

メール、メルマガ、ブログ、ミクシィ、ツイッター、フェイスブック。ネットでは、すべて書き言葉が基本です。あなたは、それらの文章をきちんとすみずみまで読んでいますか？

きちんと記憶に残っているのは、タイトルや見出し、印象的なフレーズくらいではないでしょうか？　タイトルや見出しで心に引っかからないものは、中身も読まないはずです。もし読んでも、斜め読みで全然頭に入っていない、ということも多いのではないでしょうか。

このことは書き言葉に限りません。話し言葉でも同様です。プレゼンは、印象に残るフレーズがあるかどうかが採用の決め手になります。会議でも、だらだらと説明するよりも、ひと言でバシッと心に残る言葉を発することのできる人のほうが評価されます。

そう、現代社会においては、「ネーミング」「タイトル」「見出し」「決めゼリフ」など、一瞬で受け手の心に刺さり、気持ちをつかむ「ワンフレーズ」が、何よりも重要になってきているのです。

本書では、そのように短く、的確な言葉で表現する能力を、「キャッチコピー力」と表わすことにしました。

文章の書き方に関する本は、これまでに数多く出版されてきました。また、広告や販売促進のキャッチコピーに関する本もたくさん出版されています。しかし、普通のビジネスパーソンが、ふだん仕事をしていて感じているような、「相手の気持ちをつかむタイトルや見出しをつけたい」「企画書やプレゼンでの気の利いた決めゼリフを考えたい」「現場で売れるコピーを書きたい」などの欲求を満たすような本は、不思議なことに見あたりません。

本書は、そのようなリクエストに応える、「キャッチコピー力」を磨くための本です。９つのステップに分けて、「キャッチコピー力の基本テクニック」を明らかにしていきます。基本となるテクニックを身につけると、「キャッチコピー力」は格段に向上します。

本書を読み終えたあなたは、きっと今まで悩んできたことが嘘のように、気の利いたネーミングやタイトル、見出しが書け、決めゼリフなどが言えるようになるでしょう。仕事で一番必要なのに、誰も教えてくれなかった「キャッチコピー力の基本」を、この本で身につけましょう。

本書では、「キャッチコピー力の基本」を、どんな人でも身につけることができるように、実例を示しながら、やさしく、わかりやすく解説しています。主として若手・中堅ビジネスパーソンを対象に書かれたものですが、部下の企画書や報告書などをチェックする機会が多いベテラン社会人の方も、こっそり使えるはずです。

“**見本**”としてあげた例は、主に以下のようなものから引用させていただきました（出典は巻末に記載しました。また書籍のタイトル、雑誌の見出しなど、特定できるものは、可能な限り巻末に出典を明記していますが、広告コピーなどいろいろなメディアに掲載されるものは、省略させていただきました）。

- **広告のキャッチコピー**
- **書籍のタイトル、帯、目次のコピー**
- **雑誌、新聞などの見出し、コピー**
- **映画の惹句《じゃっく》（キャッチフレーズ）**
- **ブログ、メルマガ、セールスレターなどのタイトル**
- **いわゆる名言として世に知られているもの**
- **街で見たり聞こえてきたりした印象深いフレーズ**

本書をいつも会社のデスクの上に置いて、辞書代わりに使っていただけると、これほどうれしいことはありません。

CONTENTS

キャッチコピー力の基本

第3章 「読み手」に考えさせる

第4章 「語呂のよさ」を考える

第5章 「比喩力」を磨く

第6章 「名言」を貯金する

第7章 「組み合わせ」て化学変化を起こす

第8章 「造語力」を身につける

第9章 「ストーリー」を喚起させる

本書に出てくる、広告、映画、雑誌、書籍などのキャッチコピー、タイトル、企業名、商品名、その他の名称はすべて権利者に帰属します。“**見本**”“**原文**”以外の、“**普通**”“**改善**”“**応用**”その他▶印は著者によるものです。

本文中の※印は、巻末の「参考文献および雑誌・書籍出典」に対応しています。

カバーデザイン◎井上新八
本文デザイン・DTP◎ムーブ（新田由起子・川野有左）
イラスト◎瀬川尚志

第1章

「キャッチコピー力の基本」の基本3カ条

hint 01

自分に関係があると思ってもらう

「自分に関係がある」と思わなければ、人の心は動きません。キャッチコピー力の基本は、すべてそこにあります。いかに「自分に関係がある」と思ってもらえるように書くかが一番大切です。日々の情報量がぼう大に増えているネット社会では、自分に関係がないと思った情報は簡単にスルーされてしまうからです。

そのためには、大勢の人に向けて伝えようとするよりも、特定の誰か個人に向けて語りかける意識を常に持つ必要があります。

書店に行くと、多くの本であふれています。とくに実用書やビジネス書などの本のタイトルは、読者に、「自分に関係がある」と思ってもらえないと手に取ってもらえません。翻訳書などは、タイトルをどう訳すかによって、売上が大きく違ってくることも珍しくありません。次の例を見てください。

普通▶『仕事の整理術』

↓

見本▶『気がつくと机がぐちゃぐちゃになっているあなたへ』※1

『気がつくと机がぐちゃぐちゃになっているあなたへ』は、リズ・ダベンポートの著書『Order from Chaos』※2の日本語翻訳版のタイトルです。直訳すれば、『混沌《こんとん》からの秩序』といったところでしょうか。しかし、これでは何を言いたいかがわかりません。

本の内容は「仕事の整理術」について書かれたものです（必ずしも机の整理整頓のことだけではありません）。それならば、どんな日本語のタイトルにすると一番伝わるか、編集者も翻訳者も悩んだことでしょう（あくまで想像ですが）。「仕事の整理術」という言葉をスタートに、いくつもの候補があがったはずです。そして選ばれたのが、“**見本**”（実際）のタイトルです。

実際に、「気がつくと机の上がぐちゃぐちゃになっている」ことは、多くの人が経験するでしょう。タイトルを見て、あてはまる人たちは、「あ、これは自分のことだ！」と思います。この感覚こそがとても重要なのです。

もちろん、『気がつくと机がぐちゃぐちゃになっているあなたへ』というタイトルだけでは、具体的に何を教えてくれる本かはわかりません。それでも、「これは自分に関係がある本だ！」と思った人は、実際に書店で手に取って、レジに持って行くのです。この本はベストセラーになりました。

雑誌の見出しは、電車の中吊りや新聞広告にも使われます。それを見て、買うかどうかを決める人も多いでしょう。ここでも、「自分に関係がある」と思ってもらえないと手に取ってもらえません。“**見本**”は雑誌『AERA』の記事の見出しにあったものです。

普通▶ 子供を産まない女性が増えている

⬇

見本▶ 産まないかもしれない私 ※3

女性にとって、「子どもを産むか、産まないか」は、人生において分岐点になるかもしれない大きな問題です。しかし、まだ産んでいない女性は、気にしつつも先の問題だと考えている場合もあります。

“**普通**”の例文のような書き方だと、他人事のようにしか感じられないので、「ふーん、そうなんだ」で終わってしまう可能性が高くなります。しかし、“**見本**”のようなコピーにすると、「私も産まないかも」と自分事のように感じられて、記事の内容を読みたいと思うのです。

「自分に関係がある」と思ってもらうことは、「人の関心を引かなければならない仕事」のあらゆる場面で必要な大原則です。本のタイトル、雑誌の見出し、広告のキャッチコピーに限らず、ダイレクトメール（DM）、プレスリリース、メールマガジンなど不特定多数に発信する際にはとくに重要です。一般的に、そのような発信は、受け手に「自分とは関係がない」と思われ、スルーされてしまうことが多いからです。

たとえば、DMを例に考えてみましょう。DMとわかった時点で捨ててしまう人も多いはずです。だとすれば、大切なのはDMがDMに見えないこと。個人に送る手紙のようにして、中身の文章も、受け手1人ひとりに個別の文面にするのが最も効果的です。「自分に関係がある」と思ってもらえる可能性が高くなるからです。

しかし、全員に個別で対応することは物理的に不可能な場合も多いのではないでしょうか。だからこそ、本書で取り上げるさまざまなヒントを活用して、「自分に関係がある」と思ってもらえる言葉を考えていきましょう。

hint 02 強い言葉を使う

言葉には強い、弱いがあります。強い言葉をひと言で表わすならば、「印象に残る」「心に刺さる」「行動したくなる」言葉です。逆に弱い言葉とは、「手あかのついた」「ありきたりな」「心が動かない」言葉です。

読み手の心をキャッチするには、強い言葉を使うと効果的です。ただし、強い、弱いは、その言葉が使われる場面によっても大きく変化します。ある場面では強い言葉が、違う場面では弱い言葉になることも珍しくありません。

この単語を使えば必ず強いコピーができる、という「魔法の言葉」は存在しません（hint58にマジックワードを紹介していますが、これも時と場合によりけりです）。

しかし、最低限、以下の2つの項目を頭のすみに置いて書けば、強い言葉になる可能性は高くなります。

①抽象的な表現を避け、具体的に書く
②ついつい書いてしまうような常套句《じょうとうく》を避ける

①の方法について説明しましょう。たとえば、あなたがお菓子メーカーの営業マンだったとします。今までと口どけが違うチョコレートを売り込むために、どんなふうに説明すればいいでしょうか。

普通▶ 口どけの食感が新しいんです

これでは抽象的で、心に響きません。たとえば、こんなふうに具体的に語ってみてはどうでしょうか。

⬇

改善▶ 口に入れた瞬間に溶けてなくなっちゃうんです

具体的に言うことで言葉が強くなりました。「口に入れた瞬間に溶けてなくなるチョコレート」なら、一度体験してみたいと思いますよね。

次に②の方法について説明します。人間は意識している、していないにかかわらず、毎日ぼう大なコピーに接しているので、知らず知らずにその影響を受けています。何も考えずにキャッチコピーを書くと、ついついそれらしいフレーズを書いてしまいがちです。

たとえば、私たちがよく利用する飲食店だと、「こだわりの」「厳選された」「独自の製法」「隠れ家」といった言葉が常套句です。

このような言葉を使うと、一見、キャッチコピーらしい言葉にはなります。実際、飲食店を紹介するような情報誌を見れば、そのようなコピーをいやというほど目にすることでしょう。

しかし、これでは何も言ってないのと同じ。今どき、何かこだわっていない飲食店のほうが珍しいくらいです。書き手側としては、差別化しているつもりのコピーでも、受け手にとっては簡単にスルーされてしまうコピーの典型的な例です。

次に、ある焼きとり屋で、料理法について書かれたコピーを例に見てみましょう。

普通▶ 厳選された新鮮な鶏を炭火でじっくり焼いています

焼きとり屋がその町に1軒しかなければ、これでもいいかもしれません。しかし、ライバルがひしめく環境下だと、このコピーでは不十分です。多くの店と差別化できないからです。「厳選」「新鮮」「炭火」なども、今ではかなり手あかのついた弱い言葉になってしまっています。より具体的に素材や製法を書いて、強い言葉にしていく必要があります。同じ内容でも以下のように変えるとどうでしょうか。

- **新鮮 ➡ 朝引き**
- **厳選 ➡ 薩摩鶏**
- **炭火 ➡ 備長炭**
- **じっくり ➡ じゅわっとジューシー**

⬇

改善▶ 朝引き薩摩鶏を備長炭でじゅわっとジューシーに焼きあげました

もちろん、焼きとり屋の激戦区であれば、これでもまだまだ力不足かもしれません。ただ、一般論として、手あかのついた常套句を使わないだけでも、言葉は力強くなることが多くなります。

あなたもきっと、仕事においていろいろな文章を書く機会があるでしょう。そんなとき、タイトル、見出し、商品説明、キャッチコピーなどが、「抽象的な言葉になっていないか」「それらしい常套句になっていないか」を、チェックする習慣をつけましょう。もしそのような言葉が見つかったら、できるだけ具体的に書き換えてみましょう。たとえば、以下のようにです。

- 迅速な対応　➡　当日中に必ずお返事
- 豊富な　➡　32 種類ものバリエーション
- 納得の　➡　一度使った人が必ずリピートする
- おいしい　➡　最後の一滴まで飲み干してしまうくらいの
- 安い　➡　商品入れ換えにつき原価割れ処分

このような習慣をつけていくだけでも、あなたの「キャッチコピー力」は格段に向上するはずです。

言葉を強くする具体的なテクニックについては、本書の第７章、第８章に多くのヒントを載せておきました。ぜひ参考にしてみてください。

hint 03 相手の心に「何で？」をつくり出す

人間は、自分が常識だと思っていることと反対のことを言われると、頭の中に「何で？」という疑問が芽生えます。

また、今まで深く考えていなかったけれども、「そう言えばそうだよな」という問いを投げかけられたときにも、「どうしてだろう？」と思います。

そして、疑問を解決する答えを知りたいがために、続きや中身を読みたくなる、という習性があるのです。

本のタイトル、雑誌記事の見出し、広告のキャッチコピーなどで、これらの手法を取り入れているものは多数あります。以下はいずれも本のタイトルです。

見本▶

- 『傷はぜったい消毒するな』※4
- 『千円札は拾うな。』※5
- 『お客様は「えこひいき」しなさい！』※6
- 『営業マンは断ることを覚えなさい』※7
- 『なぜ、オンリーワンを目指してはいけないのか？』※8
- 『非常識な成功法則』※9

どのタイトルも、一般的に言われている常識とは、逆のことを主張しています。すると、受け手は「何で？」という感情がわき起こります。命令形が多いのは、それをより強く浮かび上がらせるためです。

これらのタイトルを見たあなたは、「どんなことが書いてあるのか？」と興味を覚えたのではないでしょうか（ただ、最近、この手のタイトルをつけた本が多いので、やや食傷気味になっているかもしれませんが）。

次に、「そう言えばそうだよな……」という疑問を投げかけて、「何で？」と思わせるタイトルの本には以下のようなものがあります。

見本▶

- 『さおだけ屋はなぜ潰れないのか？』※10
- 『なぜ、エグゼクティブはゴルフをするのか？』※11
- 『浜崎橋はなぜ渋滞するのか？』※12
- 『なぜ、社長のベンツは４ドアなのか？』※13
- 『なぜ宇宙人は地球に来ない？』※14
- 『ずるい!?　なぜ欧米人は平気でルールを変えるのか』※15

あらためて指摘されてみると、「どうしてだろう？」という疑問がわき、答えを知りたくなりますよね。これらの手法は本のタイトル以外でも使えます。まず、常識だと思っていることの反対のことを言う手法です。たとえば、「お客様第一主義」が社是の会社に、新しい企業理念を提案するときの提案書のタイトルを例に考えてみましょう。普通だと、以下のようなものになりがちです。

普通▶｜新しい企業理念についてのご提案

これでは、あまり続きを読みたいとは思いません。たとえば、こんなふうにしてみてはどうでしょう？

⬇

改善▶ これからの時代「お客様第一主義」の会社は潰れますよ

ひょっとしたら、受け手はムッとして、反発するかもしれません。ただ、少なくとも「何で？」と興味を持ち、答えを知りたくなるでしょう。そこで、なぜ今まで言われているような「お客様第一主義」ではダメなのかをきちんと説明できたら、受け手の心をしっかりとキャッチできるはずです。

次に、同じ提案書のタイトルで、「そう言えばそうだな……」という疑問を投げかける手法を見てみましょう。

普通▶ 新しい企業理念についてのご提案

⬇

改善▶ 「お客様第一主義」が企業理念の会社は、なぜ「お客様第一」が実践できないのか？

「お客様第一主義」と標榜しているにもかかわらず、本当に「お客様のことが一番」を実践できている会社は少ないものです。

あらためてこのような疑問をつきつけられると、受け手はドキッとします。そして「どうしてだろう？」という疑問がわき、続きが読みたくなるのです。

もっとストレートに、読み手に「何で？」という疑問がわき起こる方法もあります。

普通▶	私が東大に合格できたのは○○予備校のおかげです
	⬇
見本▶	なんで、私が東大に⁉

これは四谷学院という予備校のキャッチフレーズです。ストレートに、「何で？」を投げ込んでいます（ちなみに、横には実際に東大に合格した受験生の写真があります）。

受験生やその親なら、「何で？」と理由を知りたくなること必至です（おそらく四谷学院のいいことしか書いてないとわかりつつ）。

これは「東大」という強い言葉が後ろにきているので、成功している例と言えます。この手法は、ダイレクトメールやセールスレターなどのキャッチコピーや見出しなど、幅広く応用できるでしょう。

仕事でも、タイトル、見出し、キャッチコピーを考える機会は多いでしょう。そんなときには、常に相手の心に「何で？」という疑問が、わき起こるような書き方を意識しましょう。

具体的にどのようなテクニックがあるかは、第３章を中心に書いたので、ぜひ身につけてください。

COLUMN 1

イエス・キリストは名コピーライター!?

アメリカの大手広告代理店ＢＢＤＯ社の前身ＢＢＯ社の創業者で、コピーライターでもあるブルース・バートンは、1925年に『The Man Nobody Knows』※16（邦訳名『誰も知らない男 なぜイエスは世界一有名になったか』小林保彦訳 ※17）という本を出版し、全米で大ベストセラーになりました。

バートンは、その本の中で、イエス・キリストの今までのイメージは間違っている、と主張します。弱々しい聖人ではなく、力強く社交的で、ユーモアとリーダーシップに満ちた人間だった、というのです。

またバートンは、イエスを優秀な広告マンだった、と言います。イエスは、「よい広告がニュースであること」を知っていました。また「説教でなく奉仕する」ことで信者を獲得していきました。それによって、自分に関係があると思ってもらえるからです。

その詳細は本を読んでいただくとして、ここではバートンが指摘した、イエスの四大コピーテクニックを紹介します。

①文章を圧縮せよ

「汝《なんじ》が敵を愛せ」「求めよさらば与えられん」「人はパンのみによって生くるにあらず」など、イエスの言葉は短いフレーズが多い。しかし意味は深く、情報が凝縮されています。だから一度聞くと覚えてしまうのです。上記のフレーズは、クリスチャンでなくても覚えている名コピーです。

②言葉をシンプルに

イエスのたとえ話は、子どもでもわかります。冒頭の一文を読めばすぐに情景が思い浮かぶほど、シンプルなフレーズで始まります。シンプルであることで、意味がストレートに強く伝わってくるのです。

③誠実に語れ

どんなにうまいテクニックを使っても、その語り手が本心からいいと信じて語ったり、書いたりしていなければ、言葉は力を持ちません。イエスの言葉は本心から出たものなので、力を持っていたのです。

④何度も繰り返せ

何度も同じ言葉を繰り返す。また、言い方を変えて同じ意味のことを繰り返す。イエスは評判というものは、繰り返しから生まれることを知っていました。

これらの４つのテクニックは、まさに「コピーライティングの原則」と言えるものです。もちろん、現在においてもすべて通用します。コピーライティングも、「文章を圧縮し」「シンプルな言葉を使い」「誠実に語り」「何度も繰り返す」ことが何よりも大切なのです。

第2章

「言い切り力」をつける

hint 04

短く言い切る

言いたい要素を凝縮して、短く言い切る。それだけで、相手の心に届くスピードは格段に速くなります。その分、受け手に刺さる言葉になる可能性も高くなり、記憶にも残ります。言いたい言葉を、「ひとつにまとめて、短くできないか」考えてみましょう。

次の例は、小料理屋の店頭の張り紙やのぼりなどによく書かれているコピーです。

普通▶	当店では冷えた生ビールをご用意して、みなさまをお待ちしています
	⬇
改善▶	生ビール、キンキンに冷えています

パッと見て、五感を刺激するのはやはり“**改善**”でしょう。暑い夏の夕方、こんなのぼりを見たら、ついふらっとお店に入ってしまう方も多いのではないでしょうか。そうなる理由は何でしょうか？

それは、このフレーズに「シズル」があるからです。シズル（sizzle）とは、ステーキを焼くときの、あの「ジュージュー」という音のことです。そこから派生して、生理的に感覚的に五感に訴えてくるものすべてを、「シズル」と呼ぶようになりました。広告業界では「シズル感がある」というふうに、かなりの頻度で使われる用語です。

元々は、アメリカの経営アドバイザーとして活躍した、エルマー・ホイラーが、今から70年以上前に発売された本の中で使ったのが始まりだと言われています。彼はその著書の中で、「ステーキを売るな、シズルを売れ」と語っています。

多くの人は生の肉の塊《かたまり》よりも、肉が「ジュージュー」と焼けているシーンを見たほうが、食べたい気持ちが何倍にもふくらみます。ステーキの肉を売りたいなら、「ジュージューと焼けているときのビジュアル、音、匂いなどを連想させるようにする」と、売上は大きく伸びるのです。

つまり、「商品そのものを売るのではなく、受け手の感情を刺激するもので売りなさい」ということです。

これは、ステーキのような食品だけにいえることではありません。たとえば、保険であれば「安心」、高級車であれば「ステータス」なども、シズルです。

「生ビール、キンキンに冷えています」は、ビールが好きな人にとっては、とてもシズルのあるコピーでした。

シンプルだけど、いやシンプルであるがゆえに、「ビールを飲みたい！」という感情をストレートに刺激するからです。

言いたい要素を凝縮して「短く言い切る」手法について、もう1例見ておきましょう。

普通▶ 言葉は習慣によって身につくものである

⬇

見本▶ 言葉は習慣である ※18

“**見本**”は、本書と同じシリーズである『文章力の基本』（阿部紘久著）の見出しから取りました。“**普通**”は、意味としては間違っていませんが、見出しとして用いるには冗長すぎます。「言葉は習慣である」と言い切ることによって、逆にその項目全体の意味を際立たせることに成功しています。

会社の経営理念などでも、短く言い切るほうが「理念」がはっきりと浮かび上がります。しかし、長すぎて、結局何が言いたいのかがよくわからない経営理念は少なくありません。

普通▶ 我々は先進の技術と最高品質のサービスで、お客様同士の豊かなコミュニケーションを確立し、社会の文化に貢献していきます。

⬇

改善▶ コミュニケーションは愛

“**改善**”のように短く言い切ったほうが、心に残るフレーズになることがわかるでしょう。

「短く言い切る習慣をつける」ことは、あなたのキャッチコピー力を一気に高めます。とくに、あなたの意見を際立たせたいときに有効です。

会議などで発言するときも、短く言い切る習慣をつけましょう。ブログなどでアクセスを集めたい場合も、あいまいな書き方はやめて、短く言い切るタイトルをつけましょう。ツイッターで注目を集めたければ、できるだけ短い言葉で言い切るようにしましょう。そうすることで、刺さる言葉が生まれてくるのです。

hint 05 [みんなが言いたかったことをスパッと言う]

テレビで、コメンテーターが、「普通だと言いにくいこと」をスパッと言ってくれると、「そうそう、それが言いたかった！」とスカッとしますよね。会議などでも、みんなが「本心では言いたいけれども、言えなかったこと」を、誰かがスパッと言うと、それだけで、「あいつはデキるな！」と思われます。

タイトル、見出し、キャッチコピーなどでもそれは同じです。「みんなが言いたかったこと」をスパッと言うと、多くの受け手から、「そうそう！」と共感してもらえるのです。

「みんなが言えないのに言いたかったこと」をスパッと言うのは、簡単そうでハードルが高い技です。会議など閉じられた場ではできても、大勢の人がいるところでは、誰しもが言いたくても言えなかったフレーズを見つけ出すのは難しいものです。逆に言うと、それを見つけ出すことができれば、多くの人の気持ちをキャッチすることに成功できるのです。

テレビのCMでも、キャッチコピーで「みんなが言いたかったこと」をスパッと言い切ると、話題になる可能性が高まります。

見本▶ | カゼは社会の迷惑です

見本▶ | 亭主元気で留守がいい

「カゼは社会の迷惑です」は風邪薬、「亭主元気で留守がいい」は防虫剤のCMのコピーでした。どちらも1980年代、流行語になるくらい話題になったものです。

また、本のタイトルのように、それが商品名である場合も、「みんなが心の中で思っているけど、言葉にできていないこと」をスパッと言えることができたら、それだけでヒットする確率は高まります。

見本▶｜『「いい人」をやめると楽になる』※19

『「いい人」をやめると楽になる』（曽野綾子著）はベストセラーのタイトルです。みんな薄々思っていた、「いい人でいるのは疲れる」「いい人でいると損する」という感情を、スパッと言ったタイトルに、多くの人は「そうなんだよな……」と共感しました。

「みんなが思っていることをスパッ」と言うテクニックは、勇気がいりますが、決まるとインパクトのある言葉が生まれます。まずは、ツイッターなどで試してみてはどうでしょう。どのような言葉を書くと反響があるかを見極めるのに、ツイッターはとてもよいツールです。

hint 06 気持ちを込める

言葉を使って、人の気持ちを動かそうと考えると、つい、いろいろなテクニックに走ってしまいがちです。しかし、言葉が一番力を持つのは、そこに発信者の強い気持ちが込もっているときです。伝えたい強い思いを、気持ちを込めてストレートに吐き出すことは、とても大切です。

気持ちを込めたフレーズは、人の心を動かします。とくに普通は建て前の言葉を使用することが多いシチュエーションで、思わぬ効果を生むことがあります。

以下は、大相撲の2001年5月場所で、全治2カ月の重症に負けず優勝した貴乃花に、小泉純一郎首相（当時）が、内閣総理大臣杯を授与したときの言葉です。

普通▶ 怪我を乗り越えての優勝、本当におめでとうございます

⬇

見本▶ 痛みに耐えてよく頑張った！　感動した！　おめでとう！

“**普通**”のように語ったのであれば、とくに大きく人の心を動かすこともなかったし、記憶にも残らなかったでしょう。しかし、“**見本**”のように気持ちを込めて言い放ったことによって、このフレーズは大きな話題になりました。

これ以外にも、小泉元首相は気持ちを込めたフレーズで、人の気持ちを動かすのが得意な政治家でした。政策への賛否等は別にして、「キャッチコピー力」を考える際には、とてもいいサンプルです。

たとえば、以下の有名なフレーズも、ありきたりではない、気持ちの込もった言葉だからこそ話題になったのです。

普通▶	自民党を解党するくらいの覚悟で臨みます
	⬇
見本▶	自民党をぶっ壊す

次の例を見てみましょう。映画『カンフーハッスル』のキャッチコピーです。

普通▶	ありえないくらいの（カンフーアクション）
	⬇
見本▶	ありえねー

“**見本**”は、映画を見て素直に思う気持ちを、そのままコピーにしたことで話題になりました。気持ちが込もったコピーは、自分も口にしたくなるので、口コミも広がるのです。

気持ちを込めるという手法は、店頭POPなどではとくに有効です。一時期、書店の店頭POPから、ベストセラーがたくさん生まれました。そのはしりと言われているのが、『白い犬とワルツを』（テリー・ケイ著）※20につけられた店頭POPでした。

見本▶｜何度読んでも肌が粟《あわ》立ちます

“**見本**”は、千葉県習志野市の書店員が、POPに書いたコピーの一部です。本を読んでとても感動し、何とかその気持ちを伝えたいと思ったのです。その店で、本が飛ぶように売れていることを知った出版社の営業ウーマンが、印刷し、全国の書店に配りました。結果、ミリオンセラーが生まれたのです。

『世界の中心で、愛を叫ぶ』（片山恭一著）※21も、元々、書店員の手書きのPOPから火がついた本です。さらにこの本をミリオンセラーに押し上げたのは、帯で使われた推薦文でした。

見本▶｜泣きながら一気に読みました。私もこれからこんな恋愛をしてみたいなって思いました。

“**見本**”は女優の柴咲コウさんが、ある雑誌に寄稿した感想を帯の推薦文として採用したものです。ストレートに気持ちが込もったコピーは、多くの人々の心を動かし、この本をミリオンセラーに押し上げました。その後、映画・ドラマ化され、社会現象を起こすまでのヒットとなったのはご存じのことでしょう。

発信者の気持ちが強く入っていると、言葉は自然と強くなります。「絶対に伝えたい」という感情があるときには、そのままストレートに言葉に乗せてみましょう。

ただし自分自身や自社がつくった商品をアピールするときに、この手法を多用すると、ひとりよがりなコピーになる可能性があります。気持ちを込めたコピーを書く場合は、自分に損得のない客観的な立場から発信するほうが圧倒的に効果があります。

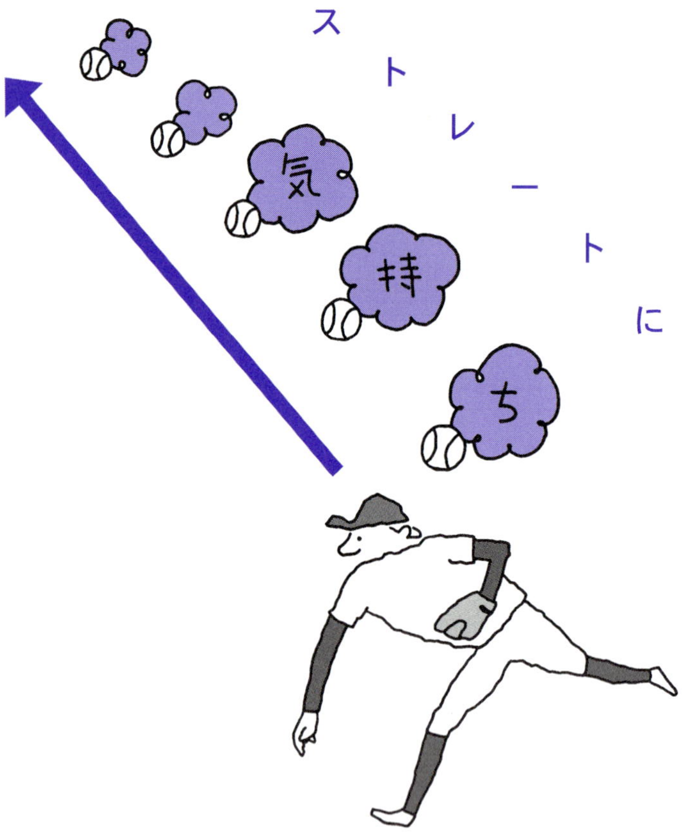

hint 07

スピード感を出す

何かを伝えたいと思うとき、どうしても多くの情報を入れてしまいがちです。コピーに、たくさんの情報や意味を乗せると、どうしても伝わるスピードが遅くなります。

逆にスピードが速いコピーは、一瞬で心に届きます。

60年代、70年代前半のまだテレビが創成期の頃、CMではスピードの速いキャッチフレーズから流行語が数多く生まれました。

見本▶

- Oh! モーレツ
- ハヤシもあるでよー
- あたり前田のクラッカー！
- う〜ん、マンダム
- なんである、アイデアル
- ああ、ちかれたびー

いずれも、意味よりも先に、言葉が感覚的に心に届いてくるフレーズですね。とくに子どもは、スピードの速いフレーズをマネします。上記の流行語も、まず子どもたちから流行したものが多くありました。スピードの速いフレーズは、人に伝達しやすいので、口コミが広がっていきやすいのです。

次ページの例は、地下鉄の痴漢防止用のポスターの標語です。

普通▶ 痴漢は犯罪です

⬇

見本▶ 痴漢あかん

“**見本**”は、実際に大阪府警が地下鉄などのポスターで使っていた標語です。韻を踏んだ駄洒落《だじゃれ》的な要素に賛否はあるでしょうが、心に突き刺さるスピードは、“**普通**”よりも圧倒的に速いことがわかるでしょう。

仕事で、商品のネーミングを考えるときも、「スピード感を出すこと」を意識しましょう。ここでは次の3つの方法をあげておきます。それぞれの例は、いずれも、スピード感のある商品名なので、心に刺さります。

見本▶ ①呼びかけてみる

- お～いお茶
- ごはんですよ！

見本▶ ②駄洒落にしてみる

- ICOCA（行こか）
- ムシューダ（無臭だ）

見本▶ ③機能を商品名にする

- 熱さまシート
- のどぬ～るスプレー

hint 08 具体的な数字を入れる

何かを伝えようとするとき、具体的な数字を入れると説得力が増します。「数字が物語る」なんて言葉もあるくらいですから、数字を入れるだけでドラマが生まれるのです。

まず、次の例を見てください。

普通▶ 栄養豊富なお菓子です

⬇

見本▶ 一粒 300 メートル

これは、昔からあるグリコ（キャラメル）の有名なキャッチコピーです。グリコのホームページには、「グリコ一粒に、体重 55 キロの人が 300 メートル走るときに消費するエネルギーが含まれている」ことが由来だと書かれています。しかし実際は、「説明はあとづけで、最初は語呂を重視してつくった」と言われています。

とくに、食糧事情がよくなかった時代には、「栄養のあるお菓子」ということを訴求するのに、300 メートルという数字はとても説得力がありました。

次ページのコピーの例も、具体的な数字を入れることで、印象を強くしています。

普通▶ 安くて手軽なドリップコーヒー

⬇

見本▶ コーヒー1杯19円

コーヒー通販会社・ブルックスコーヒーの広告コピーです。「1杯19円」というのは、外でコーヒーを飲む値段からすると、インパクトがあります。1袋ではなく、1杯の値段を数字に置き換えたことによって、その安さを際立たせることに成功しています。

雑誌の見出しでも数字を用いる手法は効果的です。

普通▶ 中国の食糧事情を探る

⬇

見本▶ 13億人の胃袋最前線をゆく ※22

"**見本**"は『AERA』の見出しです。「13億人」という具体的な数字を出すことによって、切迫感のある見出しになっています。「胃袋最前線」という強い言葉も相まって、「ぜひ記事を読んでみたい」と思わせることに成功していますね。

映画のポスターで、数字をうまく使ったものも紹介しましょう。

普通▶ ご夫婦で観てください

⬇

見本▶ 妻の共感度98%、夫の反省度95%

2009年に公開された映画『60歳のラブレター』のキャッチコピーです。数字の使い方が実にうまいですね。

セールスレターなどの場合でも、次の2つのように、細かい数字を提示すると信頼が高まります。

普通▶ この商品を買った多くの方が役に立ったと言ってくれています

⬇

改善▶ この商品を買った方の91.3%が役に立ったと言ってくれています

普通▶ 今までに300人以上の方にご利用いただきました

⬇

改善▶ 今までに327人の方に利用いただきました

いずれも"**改善**"のほうが、リアルだと受け手に感じてもらえることがわかるでしょう。

このように具体的な数字を打ち出すことは、企画書、プレゼンテーション、報告書など、仕事のあらゆる場面で有効な手法です。

あなたが就職や転職するときなどのプロフィールでも、実績をできるだけ具体的な数字であげると、印象に残りやすくなります。もし、書くべき数字が見あたらないのであれば、今後「数字をつくること」を意識してみてください。

hint 09

かかる時間を示す

何かを訴求したい場合、それにかかる時間を示すと、受け手は興味を持ちます。その効果が大きくて、手軽にできそうな時間であるなら、受け手はなおさらやってみたいと思います。このテクニックはとても効果があります。ただし、乱用すると安っぽかったり、怪しげに見えたりするので注意が必要です。

薬局の店頭に貼られた、文字のみのポスターを想像してください。

普通▶ 痔《ぢ》の治療薬あります

⬇

改善▶ 痔が３日で！

どうでしょう？ “**改善**”は、実際に薬局で貼られていたものです。具体的な効果が書かれているわけではないのに、症状を抱えている方は、「３日でどうなるんだろう？」と興味を持つはずです。かかる時間が具体的に書いてあるからこその効果ですね。

ダイエット、ビジネススキルなど、読者が読んですぐに効果を期待する本でも、「かかる時間を具体的に書く」という手法がとてもよく使われています。

書店に行くと、時間単位はもちろん、分や秒単位のものまで数多く出版されていることがわかります。次に、いくつかその実例をあげておきます。

見本▶

- 『「1秒！」で財務諸表を読む方法』※23
- 『3秒でハッピーになる 名言セラピー』※24
- 『一日7秒で腹は凹む』※25
- 『15秒骨盤均整ダイエット』※26
- 『最初の30秒で相手をつかむ雑談術』※27
- 『1分で大切なことを伝える技術』※28
- 『3分でわかるロジカル・シンキングの基本』※29
- 『誰とでも15分以上会話がとぎれない!話し方66のルール』※30
- 『1年の目標を20分で達成する仕事術』※31
- 『「1日30分」を続けなさい！』※32
- 『60分間企業ダントツ化プロジェクト』※33
- 『1日1時間1か月でシングルになれる』※34
- 『90分でわかる会社のしくみ』※35
- 『3時間で手に入れる最強の交渉術』※36

ネット書店「Amazon」で検索すると、「1秒で」という本だけでも、190件ヒットするくらい、「かかる時間を示す本」は出版されています（2010年6月現在。以下も同様）。秒単位のものなどは、大半はその数字に大した意味があるわけではなく、「一瞬でできる」という言葉の置き換えにすぎません。それでも、よく使われる数字と、まったく使われない数字があるのは興味深いところです。

秒単位で人気があるのは、「1秒」「3秒」「5秒」「7秒」「10秒」「15秒」「20秒」「30秒」「60秒」「90秒」です。1桁の場合は奇数が、10秒以降はキリがいい数字が好まれる傾向がわかります。ただし、「9秒」は1桁の奇数ですが、調べた範囲では使われていませんでした。1桁の秒数で他に使われていないのは「4秒」です。

分単位でもほぼ同様の傾向が見られました。ただし、分の場合は「45分」「50分」という時間も人気でした。これは学校での授業時間の長さと関係があるからでしょうか。

似たようなタイトルになるというリスクがあるにもかかわらず、「かかる時間を示した本」がたくさん出版されているのにはわけがあります。それは、やはり「売れる」からです。

「かかる時間を示す」というテクニックは、ブログやメルマガのタイトルでも使用すると効果があります。まず自分が書こうとしているテーマについて、かかる時間を考えてみます。

たとえば、あなたが「キャッチコピーのテクニック」について、ブログやメルマガを書くとします。キャッチコピーは素早く人を引きつけるほうがいい、かかる時間はできるだけ短いほうがいい、という感覚を、次の"**改善**"のようなタイトルで表現してみてはどうでしょうか。

普通▶ 人を引きつけるキャッチコピー術

⬇

改善▶ 1秒で人の気持ちをグッとつかむキャッチコピー術

hint 10 得になること、効果を入れる

あなたが商品を買う立場になった場合、どれくらい「得になるのか」「効果があるのか」ということは、最大の関心事でしょう。逆に、あなたが売り手側であれば、商品を買うことで得られるメリットや効果をいかに伝えるかによって、売上は大きく変わってきます。

ただし、発信する側に信頼性がないときに、あまり大きな効果をうたいすぎると逆効果になるのです。「あやしい？」と思われるだけで、反応が悪くなるのです。また、商品のジャンルによっては、法律によりストレートに効果をうたえないので注意しましょう。

この手法を学ぶには、通信販売のカタログのコピーなどが参考になります。

普通▶ 吸収力のよさがポイント（のバスマット）

⬇

見本▶ 大勢が入浴して濡れた足で踏まれたあともさらさらの感触 ※37

普通▶ 腰に無理な負担がかからないように設計した座椅子

⬇

見本▶ 「長時間座りづめでも腰が疲れにくい」と、腰痛持ちから10年以上も支持され続けている座椅子 ※38

“**見本**”はいずれも『通販生活』のホームページにあった商品説

明のコピーです。商品自体の機能よりも、購入する側のメリットを強調していることがわかるでしょう。こんなふうに、受け手の具体的なメリットが書かれてあると、「あ、これは自分に関係がある！」と思ってもらえる可能性が高くなるのです。

アメリカの広告会社BBDO社で、伝説的なコピーライターと言われたジョン・ケープルズは、著書『ザ・コピーライティング』※39で、「売上を上げるために効果的な訴求ポイント」として以下のような要素をあげています。

- 収入を増やす
- お金を節約する
- 老後の安心
- もっと健康に
- 仕事やビジネスで成功する
- 名声
- 脂肪を減らす
- 家事をもっと楽に
- 心配から解放される

あなたが商品を「売りたい」と思うとき、上記のようなメリットを買い手に与えられるかどうか考えてみましょう。そのためには、まず買い手の立場に立ってみることです。きっと今までのやり方とは効果が違ってくるはずです。

プレゼンされる立場になれば、「その企画を実施したらどんな得があるのか？」「どんな効果があるのか？」ということに、一番興味を持っているはずです。それなら、そのメリットや効果が感じられるタイトルにしたほうが、興味を持ってもらいやすいのは明らかです。

ふだんの仕事においても、同じことが言えます。とくに企画書や提案書では、相手の「得になること」を示すように心がけましょう。

以下は、ある店に売上を増やす方法についてプレゼンするときの提案書のタイトルの例です。

普通▶	販売促進のためのご提案
	⬇
改善▶	あなたの店の売上が１カ月後に30%増える画期的な方法とは？

“**改善**”のようにすると、受け手側にとってメリットが感じやすいので、より真剣に耳を傾けてくれるでしょう。

社内で何か企画を通そうとするときも同様です。企画が実現したら、会社にどれだけのメリットがあるかをわかりやすく訴えるタイトルや見出しにすると、検討してもらえる可能性が高くなります。

hint 11

列挙する

訴えたいことを、形を変えて列挙していくと、受け手の頭により入りやすく、心に残りやすくなります。このテクニックは、とくに演説やスピーチなど、「話し言葉」で使うと効果的です。

では、わかりやすい典型的な例から見てみましょう。

普通▶ 人民のための政治を実現します

⬇

見本▶ 人民の、人民による、人民のための政治

ご存じの通り、リンカーンのゲティスバーグ演説にある有名なフレーズです（誤訳だという説もあるようですが）。もし、これが“**普通**”のようなフレーズであれば、後世に伝わることはなかったかもしれません。たたみかけるように言葉を列挙していくことで、心に残るフレーズになりました。

また、リンカーンの演説手法の影響を深く受けているオバマ大統領の演説でも、この列挙するテクニックは数多く使われています。

普通▶ アメリカは人種を超えてひとつです

⬇

見本▶ 黒人のアメリカも白人のアメリカもラテン系アメリカもアジア系アメリカもない。あるのはアメリカ合衆国だけです

雑誌の見出しでも、列挙するパターンをよく見かけます。以下はいずれも女性誌『anan』にあった見出しです。

> **見本▶**
> ・スーツ姿も、メガネ顔も、チーム男子も…ぜんぶ好き！
> 胸キュン男子 122files ※40
> ・あっさり塩顔、U-165、ビルの窓拭き……
> 萌えポイント 35 を大発表！※41
> ・寝坊、泣いちゃった、急なデート…、
> 困ったときの緊急メイク術大公開!! ※42

列挙することで、「これ、私にもあてはまる！」というポイントが増えて、読者に興味を持ってもらえる可能性が高くなるのです。

次に、これでもかというほど、列挙することで言葉の力を高めている例を紹介します。

> **見本▶**
> ・巻きおろし党♥ちらし党♥ボブ党♥
> ストレー党♥外ハネ党♥おくれげ残し党♥
> 今の日本にあるのはこの６党！ ※43

これは『小悪魔 ageha』（ギャル系ヘアメイク＆ファッション雑誌）の表紙のキャッチコピーです。彼女たちの間で流行中の髪形を６つも列挙しながら、最後に「今の日本にあるのはこの６党！」と断定してしまうことで、とてもインパクトのあるコピーになっています。

hint 12

予言してしまう

未来の出来事や様子を、予言して言い切ると、「へー、そうなんだ」と勝手に納得してもらえることがあります。どんな人であろうと、確実な未来を予測できる人はいません。だからこそ、リスクを負って、予言して言い切ることで、心に残る言葉が生み出せるのです。

好き嫌いや信じる信じないは別として、占い師や霊媒師の言葉には、説得力があります。それは、不確かな未来を断言して予言してくれるからです。人間は、他人に自信を持って断言されると、つい信じてしまう、という習性があります。

流行の情報を紹介しているWebサイト『トレンド・キャッチ！DX』のコピーを例に見てみましょう。

普通▶ この春夏は「ブーサン」が流行するかもしれない！

⬇

見本▶ この春夏は「ブーサン」が来る ※44

「ブーサン」とは「ブーツサンダル」の略で、2010年の春夏女性ファッションで注目を集めているアイテムです。“**見本**”のように予言されると、本当に流行が来そうな気がします。

健康食品などの場合、薬事法の関係で直接的な効果を訴求することが禁止されています。それゆえ、その健康食品を食べたり飲んだりすることにより、「直接的に○○な効果がある」という表現はできません。それでも、予言して言い切ることで、効果がありそうと思ってもらうことはできます。近い例として、ZENZOという宿泊施設のダイエット温泉宿泊プランのキャッチコピーを見てみましょう。

普通▶ ポッコリお腹をへこませるには？

⬇

見本▶ 夏までにポッコリお腹にさようなら！ ※45

“**見本**”は、「夏までに」という未来を予言することで、受け手側に「お腹が凹《へこ》んでいる自分」のイメージを具体的に想像してもらうことに成功しています。

「予言する」というテクニックは、本のタイトルでも有効です。

普通▶ 『健康のために、体温を上げましょう』

⬇

見本▶ 『体温を上げると健康になる』 ※46

『体温を上げると健康になる』（齋藤真嗣著）は、70万部超のベストセラーとなった本のタイトルです。未来を予言して言い切っているので、ストレートに心に突き刺さるタイトルになっています。

しかも、やるべきことの前提は、「体温を上げる」という誰にでもできそうなことです。それによって、「健康」という誰もが関心のある未来を約束してくれるのですから、多くの人が興味を持ったのは当然かもしれません。

このような「やるべき前提を示してから予言する」というテクニックは、仕事全般でも幅広く使えます。得意先に「自社のシステムの導入」を勧める提案書のタイトルを例に考えてみましょう。

普通▶ ○○システム導入のご提案

⬇

改善▶ ○○システムを導入すると、利益率が5%上がる

“**改善**”のように、「（やるべき前提を示してから）利益率が上がる」と予言されると、「とりあえず話を聞いてみようかな」と興味を持たれるでしょう。あとは、予言を裏付ける根拠をどれだけ示せるかです。予言するときには、その根拠が大切になってきます。

この項の冒頭に、「占い師や霊媒師が人気があるのは、未来を予言してくれるからだ」と述べました。しかし、ただ未来を予言するだけでは、人気の占い師や霊媒師にはなれません。人気がある占い師や霊媒師は、根拠を示すのが上手なのです。

根拠を示す手段は、「手相」「カード」「星まわり」「霊感」「オーラ」「前世」など何でもかまいません。それが受け手にとって納得できる根拠かどうかがポイントです。

仕事でもそれは同じです。キャッチコピーやタイトルなどで予言することで、受け手の気持ちを引きつけることができます。しかし、そこからビジネスにつなげるには、どれだけ受け手を納得させる根拠を示せるかどうか、にかかってくるのです。

hint 13 ［自慢して言い切る］

企業や個人が「発信したい」と思っている情報は、極言すれば、ほとんどが「自慢」です。ただストレートに自慢しても、みんな反発するだけで、なかなか受け手の心をつかむ表現にはなりません。しかし、そこをあえて、自慢をして言い切ってしまう、という手法があります。うまくはまると、とても印象深いコピーになります。

たとえば、エステのＣＭを例に考えてみましょう。若い女性が面接を受けています。大勢の面接官たちはお年を召した女性ばかり。「あなた、カワイイわね。でも顔だけで世の中、渡っていけると思っているんじゃない?」と皮肉まじりに質問を受けます。それに対して、若い女性が答えるとインパクトのあるセリフとは？

見本▶｜はい、思ってます。私、脱いでもすごいんです

「私、脱いでもすごいんです」は、1995年に流行語になったコピーです。それから十数年経った現在でも、「脱いだらスゴいのよ」みたいに（多くは逆の意味で）使われることがあります。

普通ならば謙遜するところを、ストレートに「私、脱いでもすごいんです」と自慢して言い切ったところが、受け手の心に残るコピーになったのです。

この自慢の仕方は非常に巧みです。ＣＭで本当に自慢をしたいのは、広告主であるエステ会社の技術です。多くのCMでは、その

「自慢」をタレントが代弁しています。

しかし受け手側は、タレントが企業の代弁者であることは百も承知なので、なかなか心に残るメッセージにはなりません。このＣＭでは、登場人物の女性が「自分のカラダを自慢する」ことによって、受け手は、企業が自慢しているようには感じません。ですから、ストレートな自慢が鼻につかず、印象的なＣＭになったのです。

女性誌の見出しでも、「私」に自慢させることがあります。

普通▶	ブーツの履きこなしがうまい人たち
	⬇
見本▶	私が一番ブーツ上手！ ※47

普通▶	カッコいい夫を紹介します
	⬇
見本▶	イケダンの隣に、私がいる！ ※48

それぞれ女性誌の『CLASSY』と『VERY』にあった見出しです。どちらも、「私」に自慢させて言い切らせています。「私」は、直接的には誌面に登場している読者モデルですが、イメージ的には読者それぞれが「私」に投影できるような見出しになっているのです。

ちなみに「イケダン」とは、98年に「シロガネーゼ」という流行語を生み出した『VERY』が、09年頃から提唱している言葉で、「イケてるダンナ」の略です。

hint 14 脅《おど》して言い切る

人間は脅されると、反発しながらも気になります。そんな心理を利用して、「脅して言い切る」という手法があります。健康、コンプレックス、お金、災害、老後、経済など、多くの人間が不安に思っている事柄であるほど、効果は高くなります。ただし、脅かすという手法は、あまり品のいい方法ではありません。必要がないときには、むやみにこの方法を使うのはやめましょう。

健康系の書籍の見出しには、この「脅して言い切る」という手法が使われる場合が多くあります。たとえば、hint12で取り上げた『体温を上げると健康になる』という本の目次でも、脅して言い切る見出しがよく使われています。

見本▶
- 体温が一度下がると免疫力は30％低下する
- 体温が低いとガン細胞が元気になる
- 筋肉は使わないとどんどん減っていく
- ストレスを受けると細胞もダメージを受ける

いずれも、このように言い切られると、「自分のカラダは大丈夫かな？」と不安になり、中身を読んでみたくなります。

では、別の例を見てみましょう。

見本▶ アラサー女も加齢臭 ※49

これは、『AERA』の見出しです。中年男性の加齢臭は市民権（?）を得ていますが、女性についてはあまり言われていません。このフレーズを電車の中吊りで見た30前後の女性は、やはりドキッとしてしまうのではないでしょうか。

次の例は、それぞれ子どもを持つ親向けの雑誌、『プレジデントfamily』、『edu』にあった見出しです（後者は言いきり形ではありませんが）。

見本▶｜小学生の算数が危ない ※50

見本▶｜マザコン息子、ファザコン娘を育てていませんか？ ※51

子どもを持つ親にとって、子どものことは一番の関心事です。子育てや教育系の雑誌や本の見出しにも、この「脅す」方法はよく使われています。

災害や犯罪にまつわることも、脅されると不安を感じます。

見本▶｜【首都圏直下地震】冬の新宿18時、その時あなたは ※52

これは『週刊東洋経済』にあった見出しです。実際に18時に新宿にいる人は数多くいます。自分事に感じて、不安を覚え記事を読んだ人もいることでしょう。

自分の将来も、脅されると不安を感じます。

見本▶｜無縁社会 おひとりさまの行く末 ※53

これは、『週刊ダイヤモンド』にあった見出しです。「一生、結婚はしないかも」と思っている人でも、やはり老後のことを考えると不安になるものです。まだまだ先のことと思いながらも、気になるのではないでしょうか。

次は、雑誌『日経ビジネス』の見出しにあったものです。

見本▶

- 進化する変態企業　変われない会社は２年で滅ぶ ※54
- 銀行亡国　「再建」放棄が日本をつぶす ※55
- 「移民 YES」1000 万人の労働者不足がやってくる ※56

このような経済の問題においても、悲観的な見通しを言い切られると、「自分の会社は大丈夫かな？」と不安になります。そして記事を確認したくなるのです。

このテクニックは、得意先への提案やプレゼンでも有効です。得意先やその商品・サービスのウィークポイントを探し出し、「このままだと、こんな大変なことになりますよ」というニュアンスを言い切るのです。

得意先はちょっと「ムッ」とするかもしれません。しかし、そのフレーズが「ちゃんと自分の会社のことを考えてくれている」と思うと、耳を傾けようとしてくれるはずです。

hint 15 命令して言い切る

人は命令されると、何かしらの反発を覚えます。その一方で、命令されることに喜びを感じる心理もあります。競争が激しく、スルーされる確率が高い商品などの場合は、あえて命令形にして、人の心を刺激するという方法があります。

マス広告のキャッチフレーズでは、命令形のものは意外に少ないものです。なぜなら、受け手からの反発を恐れるからです。以下は、いずれも本のタイトルです。

見本▶
- 『お金は銀行に預けるな』※57
- 『大事なことはすべて記録しなさい』※58
- 『テレビは見てはいけない』※59
- 『小さいことにくよくよするな！』※60
- 『現金は24日におろせ！』※61
- 『スタバではグランデを買え！』※62

これ以外にも多数あり、とくにここ数年では数えきれないほどの命令形のタイトルの本が出ています。

「勝手に命令されると不愉快だから、命令形のタイトルの本は買わない」という人も多くいることでしょう。しかし、アンチの感情を持つということ自体、心を動かされている証拠です。

書店に数多くの本が並ぶ現在の状況では、多少反感は持たれても、無視されるよりはマシとも考えられます。反発する人がいる一方で、命令形に弱い人も確実にいるのです。とくに話者が権威のある人物である場合、命令形は相性がよく、効果があります。

そのような例として、次の“**見本**”は、2010年にベストセラーになった『超訳ニーチェの言葉』の帯のキャッチフレーズです。

普通▶ 人生を最高に旅しましょう

⬇

見本▶ 人生を最高に旅せよ ※63

このフレーズの話者はニーチェなので、“**普通**”だと、言葉の深み、重みが出ません。命令形だからこそ、効果があるのです。

通常、ビジネスシーンで「命令形」を用いることはリスクが高いと思われています。しかし、普通に送ったら無視されてしまうようなダイレクトメールやセールスレターなどでは、あえて「命令形」を使ってみるのもひとつのやり方です。その場合、「××しないでください」という否定の命令文を使うと効果があります。

普通▶ 本気でやせたい方は、ぜひお申し込みを

⬇

改善▶ 本気でやせる気がない方は、申し込まないでください

この“**改善**”は、一見、良心的な印象を与えます。しかし実際は命令形になっているので、自然と反発を覚え、心が動くのです。

hint 16

本音で言い切る

本音で言い切られると、心に刺さります。世の中に流れている情報のほとんどは、建て前や予定調和であったりするからです。

ドラマで、本音で言い切ったセリフが流行語になりました。

見本▶	同情するなら金をくれ

“**見本**”は、1994年に放送された『家なき子』で安達祐実演じる相沢すずが、担任の先生に向かって言い放ったセリフです。カワイイ女の子から、予定調和ではない本音のセリフが飛び出したからこそ、インパクトがありました。そして、このセリフは多くの人々の記憶に残りました（余談ですが、最初にこのセリフが出てくる第1話のタイトルは、「盗み嘘泣き放火！少女とノラ犬の愛の旅路‼」です）。

雑誌の見出しでも「本音」で言い切るとインパクトが出ます。

普通▶	「バブル世代上司」に言いたいこと
	⬇
見本▶	大迷惑！［バブル世代上司］よ会社を去れ！ ※64

“**見本**”は、雑誌『SPA!』の見出しにあったものです。何かとい

うとバブル時代の昔話をして、それでいて使えない40代以上の上司に対して、現在の20～30代の社員が思っている本音をストレートに表わした見出しです。同じような思いを抱いている若手社員は、電車の中吊りでこの見出しを見ると、自然と興味がわくのではないでしょうか。

以下の2つの"**見本**"の見出しは、雑誌『AERA』にあったものです。

普通▶ 妻の出世はうれしいけど

⬇

見本▶ 妻の「出世」を喜べない ※65

普通▶ 夫より子どもが心配

⬇

見本▶ 夫より子のおちんちん ※66

どちらも読者（予備軍）が心の底で思っている気持ちを、うまくあぶり出し、言葉にした見出しです。電車の中吊りや新聞広告でこの見出しを見て、「これは自分の本音と一緒だ！」とドキッとした人も多いはずです。『AERA』の見出しは、このような時代の空気感をうまく切り取ったものが多いですね。

本音で言い切ると、同じように感じていた受け手がそれに共鳴してくれる可能性が高くなります。

hint 17

開き直って言い切る

よく考えると、たとえロジックとしてはつながっていなくても、開き直って言い切り、断定してしまうことで、受け手側は「そうかな……」と思うものです。開き直って言い切ったフレーズは、力を持って人の心に刺さることが少なくありません。

次の例は、1981年と古いですが、CMでとても話題になり、流行語にもなったフレーズです。

見本▶	芸術は爆発だ！

「芸術は爆発だ！」は、芸術家の岡本太郎氏がビデオカセットのCMで言い放ったセリフです。元々は、岡本太郎氏が「芸術は規則にしばられることなく、爆発するようなエネルギーが必要だ」という意味で語っていた言葉だったのを、CM用に短く言い切ったことで話題になり、その年の流行語大賞も取りました。

次の“**見本**”は、炭酸飲料のファンタオレンジのCMで使われたキャッチコピーです。

普通▶	オレンジの味に近づけました
	⬇
見本▶	オレンジよりオレンジ味

ファンタオレンジは無果汁の炭酸飲料。いわば、オレンジは名前にあるだけで、まったくオレンジ果汁は入っていません。100%のオレンジジュースがあるにもかかわらず、そこを開き直って「オレンジよりオレンジ味」と言い切ったことで、強いメッセージになりました。

もう1例、『苺ましまろ』（ばらスィー著）という漫画の帯に使われたキャッチコピーです。

見本▶ | かわいいは　正義！ ※67

漫画の帯につけられたキャッチフレーズで話題になるものは、意外に少ないものです。しかし、「かわいい」と「正義」という、論理的につながっていない言葉を、開き直って言い切ることでネット上の論争を巻き起こし、多くの人の心に残るコピーになったのです。

この章で見てきたように、「言い切る」「断言する」だけでも、強いコピーが生まれます。企画書・報告書・ブログ・ツイッターなどの文章、プレゼン・会議での発言では、できるだけあいまいな語尾をなくす習慣をつけましょう。

COLUMN 2

江戸時代の名コピーライター

江戸時代の後期、江戸は世界一の大都市でした。もちろん商業活動も盛んで、今のチラシにあたる引札《ひきふだ》が町中で配られるようになったのもこの頃です。エレキテルなどの発明家としても知られる平賀源内は、引札文案作家としても活躍しました（他にも蘭学者・医者・画家・作家としての肩書きもありました）。今でいうコピーライターです。

夏バテ予防のために、土用の丑《うし》の日にウナギを食べるという風習は、この平賀源内が考案したアイデアだといわれています。

当時、ウナギ屋は、毎年、夏場には売上が落ちるのが当たり前でした。「何とかならないか？」と相談にきたウナギ屋に、源内は「本日土用丑の日」と書き、それを店先に貼っておくようにアドバイスしました。「丑の日に『う』の字がつく物を食べると夏負けしない」という言い伝えからヒントを得たのです。

ウナギ屋がその通りにすると大繁盛。それを見た他のウナギ屋も追随し、「土用の丑の日にウナギを食べる」という習慣が定着したといわれています。強引に言い切ったところが成功の秘訣でしょう。

源内は、「歯磨き粉」「餅屋」「麦飯屋」などの引札でも名コピーを残しています。いわばコピーライターの草分け的存在です。

他にも、『南総里見八犬伝』の曲亭《きょくてい》馬《ば》琴《きん》、『東海道中膝栗《ひざくり》毛《げ》』の十返《じっぺん》舎一《しゃいっ》九《く》、山東京伝、式亭三馬などの戯作作家が、引札のコピーも数多く書いて、商店の売上に貢献しました。

江戸の街は、キャッチコピーが花盛りだったのです。

第3章

「読み手」に考えさせる

hint 18

問いかけてみる

人間には、何か問いかけられると、「自然と答えを探してしまう」という習性があります。その性質を利用して、受け手に何か問いかけてみるというのも有効な手段です。

問いかけたことで、大きな話題になったコピーを見てください。

見本▶	なぜ年齢をきくの

“**見本**”は1975年の伊勢丹の新聞広告で使われたキャッチコピーです。コピーライターは土屋耕一さん。

当時、たいへん話題になったシリーズでした。それまでも、同じような趣旨のことを、いろいろな人がエッセイなどで書くことはあったかもしれません。しかし、「なぜ？」という問いかけを投げられると、あらためて「なぜだろう？」と考えてしまいます。ちょうど、女性の社会進出が話題になっていた頃なので、時代の空気にもぴたりとはまりました。

次は、同じく伊勢丹のキャッチフレーズで、1989年のものです。これも問いかけることで、話題になりました。

見本▶	恋を何年、休んでますか

このコピーを見て、ドキッとする方も多いでしょう。「恋をする」「恋をしてない」という言い方はよくしますが、「恋を休む」という表現が新鮮だったのです。このフレーズは、のちに連続ドラマのタイトルとしても使われました。コピーライターは眞木準さんです。

次に、「問いかけている」例を雑誌から見てみましょう。

普通▶ あなたの会社に「働きがい」がないわけ

⬇

見本▶ なぜ、あなたの会社は「働きがい」がないか？ ※68

雑誌『プレジデント』の特集の見出しです。会社で働いている人も、経営している人も、グサッと刺さる問いかけです。hint1 で述べたように、自分に関係するものだと思ってもらえると、読んでもらえる確率は大幅に上がります。

普通▶ 「産めるのに産まない」ことの社会的是非

⬇

見本▶ 「産めるのに産まない」は罪か ※69

これは雑誌『AERA』の見出しです。世の中には、子どもを産みたいのに産めない女性もいれば、産めるのに産みたくないという女性もいます。もちろん個人の自由なのですが、「産める状態であるのに産まない」というポジションは、直接的であれ間接的であれ、世間からのプレッシャーを感じるものです。そんな時代の空気感を切りとった見出しは、名指しされた女性も、そうでない女性も、また男性にとっても興味を引くものになっています。

普通▶	彼氏のお母さんに会うときに注意すべきこと
	⬇
見本▶	“カレママに会う！”そのときあなたは…？ ※70

これは20代ＯＬ向けの女性誌『CanCam』にあった見出しです。「カレママ」とは彼氏の母親のこと。若い女性にとって初めてカレママに会うときのシチュエーションは、やはり緊張するというか落ち着かないものです。「そのときあなたは？」とあらためて問いかけられると、「どうすればいいんだろう」とつい考えてしまいます。

見出しを読むまで、そんなシチュエーションのことなどまるで考えてなかった女性でも読んでみたくなります。

このように、問いかけるという手法は、キャッチコピーではとてもよく使われるテクニックです。それだけに、平凡で一般的な問いかけだと、受け手にスルーされてしまう危険性も高いといえます。

仕事でこのテクニックを使う場合は、問いかけられる受け手の立場になって考えてみましょう。それは何か新しい発見がある問いかけでしょうか？　ドキッとするような鋭い問いかけでしょうか？何か行動に駆り立てるような問いかけでしょうか？

hint 19

大きく提案する

今まで興味がなかったり、考えもしなかったりすることでも、あらためて提案されると、「それもいいかな」と思うことはよくあることです。ただし、普通の提案には、みんな飽き飽きしているので、注意しましょう。

単純に「○○しませんか？」「○○しよう！」と、発信側から受け手を誘うのは、最も書きやすいコピーの型のひとつです。ネット、チラシ、雑誌の見出しなどでは、このフォーマットにのっとったコピーであふれています。誘う中身が目新しいものであれば、それも有効でしょう。しかし、心に残る言葉にするには、受け手に「オッ！」と思わせる必要があります。では、次の例を見てみましょう。

普通▶	日本人の皆さん、もう少し休みましょう
	⬇
見本▶	日本を休もう

“**見本**”は、1990年JR東海の年間キャンペーンのコピーです。“**普通**”のように提案せずに、「日本を休もう」と大きな提案をしたことで、受け手に「オッ！」と思わせることに成功しました。

普通▶ ライオンキングを観に行こう

⬇

見本▶ 人生一度は、ライオンキング

“**見本**”は、劇団四季のミュージカル「ライオンキング」のキャッチコピーです。「人生一度」という大きな視点から提案されたことにより、受け手の心に残るフレーズになりました。

もうひとつ例を見てみましょう。

普通▶ うちの会社にどうしてもきて欲しい

⬇

見本▶ このまま一生砂糖水を売り続ける気か？　それより世界を変えてみたくないか？

“**見本**”は、アップル社の創業者スティーブ・ジョブズが、1983年当時、ペプシコーラの事業担当社長をしていたジョン・スカリーを引き抜くときに使った口説き文句です。待遇や条件ではなく、「世界を変えてみたくないか？」という大きな提案をしたことが、スカリーの琴線に触れました。

このテクニックは、あなたの仕事においても応用できます。何かを提案するときに、会社の目の前の利益ではなく、「業界」「日本」「世界」を意識したフレーズを考えてみるのです。もちろん、中身がともなっていないと笑われるだけかもしれません。しかし笑われないためにも、あなたは中身を必死で考えるはずです。

hint 20 好奇心をくすぐる

人間は生まれもって好奇心が備わっている動物です。好奇心を刺激されると、「答えを知りたい」「試してみたい」と思うものです。

テレビのバラエティ番組などで何度も何度も繰り返される手法があります。再現されていたＶＴＲがいいところで終わり、「このあと○○が意外な行動に！」というテロップ。そして、スタジオのゲストなどの「え～！」と驚く表情。続けて、ＣＭというようなパターンです。

または、ランキング番組などで、２位まで発表されて、「注目の１位はＣＭのあとに」というパターンもあります。

この「ＣＭまたぎ」という手法は、人間の持つ好奇心を利用した典型的な手法です。人間は謎や問題が提示されると、その解答が知りたくなってしまうからです。多くの場合、わざわざ見るほどの情報でないことはわかっていながら、ＣＭ後まで見てしまいます。

売り込みのメールの多くは、この心理を利用しています。みなさんも以下のような文面のメールを見たことはないでしょうか？

> ▶ サラリーマンのみなさん。私は週３時間の仕事であなたの５倍の収入を得ています。その秘密を知りたい人は以下をクリック。

このように謎かけをされると、ついつい秘密を知りたくなってクリックしてしまう人もいるでしょう（もちろん、「あやしい？」と思って相手にしない人のほうが多いと思いますが）。

他にも、肝心の情報を隠すことで、好奇心をくすぐるという手法もよく使われます。

普通▶ コピーライティングは 100 倍儲かります

⬇

改善▶ コピーライティングで 100 倍儲かる秘訣は単純。
○○○○を××××××するだけなのです。

肝心な情報が伏せられているので、答えに興味を持つのです（これもほとんどの場合、大した情報でないことが多いのですが）。

余談ですが、新聞のテレビ番組表の紹介文、もしくは各種ポータルサイトのニュースなどの見出しにも同様の手法が使われています。「あの有名女優が！　結婚」などと具体的な女優の名前が書いてない場合は、たいてい、それほどの有名女優ではありません。具体的な名前を出すほうが効果の大きいような有名な女優の場合は、実名を出すのが一般的です。

hint 21 つぶやいてみる

誰かがつぶやいたような言葉でコピーを書くと、受け手も自分がつぶやいたように感じてもらえることがあります。

何げないひと言なのに、ついつい誰もが口に出してしまうようなフレーズがあります。

見本▶｜そうだ 京都、行こう

1993年から長年続いている、JR東海の京都観光キャンペーンのキャッチフレーズです。今まで何人の人が、「そうだ 京都、行こう」とつぶやいて、京都へ行ったことでしょう。

また、「そうだ、○○行こう」「そうだ、○○しよう」という同じ形のフレーズが、雑誌、テレビ、ネットなど、さまざまな媒体で数多く使われています。つぶやくという形式でコピーをつくると（それが受け手の気持ちにうまくはまれば）、人は自分がつぶやいているような錯覚に陥ることがあるのです。

この手法は、店頭のPOPなどでのコピーでも有効です。たとえば、携帯電話にとくにこだわりのないあなたが、家電量販店で携帯電話を探していたとします。

普通▶ シンプルな機能で使いやすい

⬇

改善▶ 携帯なんて、電話とメールと写メで充分なんだよね

“**改善**”のようなPOPがついてたら、つい手に取ってみたくなりませんか？　それはPOPを見たあなたが、あたかも自分がつぶやいているような気持ちになるからです。

もうひとつ店頭のPOPの例を見てみましょう。

見本▶ この本の企画会議に参加したかった

“**見本**”は、「遊べる本屋」のキャッチフレーズで有名な複合型書店、ヴィレッジヴァンガードで見かけたPOPです。POPがついていたのは、「女子の服だけを透視する能力を持った男子の頭の中」を形にしたというグラビア写真集。これもあなたが男子ならば、自分がつぶやいたような気持ちになって興味を持つと思います。

「つぶやく」というと、独り言のように思われがちですが、要はみんなの気持ちを代弁するということです。ツイッターでも同じです。もし、多くの人から反応を得たいのであれば、自分の日常をつぶやくという意識を捨てましょう。「みんなの気持ちを代弁する」という意識でつぶやけば、きっと反響があるはずです。

hint 22

共感を得られるようにする

「キャッチコピー力」を高めるうえで、「共感を得る」ことはとても大切です。そのコピーで、はたして受け手の共感を得られるかどうか、を常に考える習慣をつけましょう。

受け手の共感を得られるようにする方法はいくつかあります。なかでも、前項の「つぶやく」という手法をさらに発展させて、「受け手が思っているであろう気持ちをストレートに書く」ことは、シンプルでわかりやすい方法です。

女性誌などの見出しでも、読者に感情移入してもらうために、この手法を使っているものをよく見かけます。次の例を見てください。

普通▶ この春、可愛いだけの服からは卒業しましょう

⬇

見本▶ 春は「可愛い」だけじゃイヤッ！ ※71

これは女性誌『JJ』にあった見出しです。このように「自分の気持ち」を代弁しているような見出しがあると、読者はまるで自分がそう言っているような錯覚に陥るのです。次の例もそうです。

見本▶
- 手足が長い「モデルさん」じゃ参考にならない!!
  自分と同じ身長のコの服が見たい♥ ※72
- 大事なお金は物欲を満たすために使いたいから

ダイエットは０円で♥ ※72
・私たちの流行は会議や打ち合わせで生まれるんじゃない ※73

これらは、いずれも『小悪魔 ageha』の表紙にあったコピーです。読者の１人ひとりの気持ちを代弁するようなコピーになっているので、受け手は自分のことのように感じて共感します。

メルマガやブログなどのタイトルでも、このテクニックを使うと効果が上がります。たとえば、次のような使い方です。

普通▶ iPad のやさしい使い方

⬇

改善▶ iPad を買ってはみたけど、どう使ったらいいかわかんない！

普通▶ フェイスブック入門

⬇

改善▶ フェイスブックで、知らない人から「友達リクエスト」がきたけど、どうしたらいいんだろう？

どちらも、受け手が思っているであろう気持ちを、ストレートに代弁したものです。同じように感じていた人であれば、中身も読んでみたくなるはずです。

hint 23

あえて長くすることで意味を強調する

タイトル、見出し、キャッチフレーズなどは、一般的には「短いほうがいい」と言われています。しかし、必ずしもそうとは限りません。あえて長くすることで目立たせて、意味を強調できる場合もあるからです。

本のタイトルは、昔はできるだけ短くするのが常識でした。しかしここ最近は、ビジネス書を中心に長いタイトルの本もどんどん出てきています。

見本▶

- 『ご飯を大盛りにするオバチャンの店は必ず繁盛する』※74
- 『「食い逃げされてもバイトは雇うな」なんて大間違い』※75
- 『20代、お金と仕事について今こそ真剣に考えないとヤバイですよ!』※76
- 『社長さん!銀行員の言うことをハイハイ聞いてたらあなたの会社、潰されますよ!』※77

長いタイトルにすると、それだけで内容をある程度言い表わすことができるのです。次の例は、hint11やhint22で取り上げた『小悪魔ageha』のコピーです。

普通▶ 今年度総決算号　大賞発表

↓

見本▶	今年も治る傷と治らない傷があって、たくさん今を嘆いて、 １年を振り返ってもまた疲れるだけだけど、 毎年恒例の総決算やります♥ 今年の大賞はみんな引いてたWライン♥ 引くのと引かないとじゃ目の見開き具合が 1.5 倍強 違うことが判明した年でした♥ ※78

この長いキャッチコピーによって、読者に、「あ、この気持ちわかる。私に関係がある号だ。買わなきゃ」と、思ってもらえるのです。この１年を、「引くのと引かないとじゃ目の見開き具合が1.5倍強違うことが判明した年」という強引すぎるまとめも、コピーを強くしています。

プレゼンテーションの資料のタイトルなどでも、普通なら短くするところをあえて長く長くしてみると、それだけで言いたいことが強調される場合もあります。

普通▶	売り場の活性化についてのご提案
	⬇
改善▶	御社の売り場を、入るだけでワクワクドキドキし、 入場料が取れるくらいの刺激的な空間にするために まずやらなきゃいけないストーリーづくりとは!?

こんなタイトルのプレゼンテーションが始まったら、ちょっと真剣に聞こうと思いますよね。

hint 24 ［ターゲットを絞《しぼ》る］

何かを発信するとき、できるだけ多くの人に伝えたいと思うものです。しかし、それでは結局、誰の心にも刺さらないコピーになってしまいがちです。受け手の心に刺さる言葉を発信するためには、ターゲットを絞るのも有効な方法のひとつです。対象となる人にとって、絞られたコピーを読むと自分事だと思えるからです。

雑誌の見出しなどで、特定の年代に呼びかけることがよくあります。次の３つの例はすべて、特定の年代に向けて語りかけています。

普通▶ 「友だち」のつくり方

⬇

見本▶ 35 歳からの「友だち」のつくり方 ※79

普通▶ 黒パンダメーク　白パンダメーク

⬇

見本▶ 30 代こそ黒パンダメーク　白パンダメーク ※80

普通▶ 「ジャニーズ」のお作法

⬇

見本▶ 40 代からの「ジャニーズ」のお作法 ※81

上から順に『SPA!』『VERY』『STORY』の見出しです。年齢で絞っていますが、それは雑誌の読者層の年齢でもあります。つまり、ターゲットを絞っているようで、実は絞っていないのです。しかし、年代を絞ったことで読者には、「自分のことかな？」と思わせることができます。

この手法は、“**見本**”のように、本来はもっと若い世代向けのような事項を、それよりも上の年代向けにアレンジすると有効です。

書籍のタイトルでも、年齢によってターゲットを絞るのがブームです。これだけ多くの本が出ている現状では、自分事に思ってもらわないと手に取ってさえもらえないからです。

以下に年齢が入ったタイトルの本をいくつか紹介します。hint9で取り上げた「かかる時間」を示した書籍同様、数多く登場する年齢もあれば、まったく登場しない年齢もあり、調べてみると面白いものです。また、今のところ、「70歳からの」「80歳からの」という書籍はほとんどありませんが、少子高齢化が進めば、増えてくるかもしれません。

見本▶

- 『あたりまえだけどなかなかできない 25歳からのルール』※82
- 『28歳からのリアル』※83
- 『30歳からもう一度モテる！ 大人の恋愛成功法則』※84
- 『35歳までに必ず身につけるべき10の習慣』※85
- 『40歳から伸びる人、40歳で止まる人』※86
- 『50歳からの病気にならない生き方革命』※87
- 『60歳からのシンプル満足生活』※88

これらのタイトルはよく見れば、「から」「まで」など、ターゲットを絞っているようで、それほど絞っていないことがわかります。

ターゲットの絞り方は、年齢以外に、「地域」「期間」「性別」「サイズ」などさまざまなものがあります。

ターゲットを絞れば絞るほど、それにあてはまる受け手は、「自分のことだ！」と思って、関心をよせてくれる傾向が強くなります。とくにゲリラ的な広告であれば、ターゲットを細かく絞れば絞るほど、受け手の心を深くとらえるものになります。

しかし、幅広い顧客を狙いたい場合、そこまでターゲットを絞り込めないことも多いでしょう。その場合、この「ターゲットを絞っているようで絞っていない」という手法を使ってみてはどうでしょうか。

自動車保険のセールスレターを例に考えてみましょう。

普通▶ すべてのドライバーのみなさん

↓

改善▶ 自動車保険代を節約したいドライバーのみなさん

“**普通**”のままであれば、呼びかける範囲が広すぎて、誰も自分のことだと思いません。そこで、「ターゲットを絞っているようで絞っていない方法」で呼びかけてみました。「自動車保険代を節約したい」ということは、ドライバーであれば多くの人が思っていることだからです。これだけでも、「自分のことかな？」と思ってもらえる確率が高くなります。

次は、具体的にターゲットを絞ってみましょう。

普通▶ すべてのドライバーのみなさん

⬇

改善▶ 自動車保険代を節約したい、週末しか運転しないドライバーのみなさん

「週末しか運転しない」ということでターゲットをさらに絞りました。ただ、絞ったといっても、仕事でクルマを使っていない人の大半は、週末しか運転しないのが実情です。ターゲットを絞っているようでそれほど絞っていないのです。それでも「あ！　これは自分のことだな」と関心を持ってくれる確率は高くなるでしょう。

では、さらに絞っていきましょう。

普通▶ すべてのドライバーのみなさん

⬇

改善▶ 「自動車保険代を節約したい！」「週末しか運転しない！」「30代以上！」この３つの条件にあてはまるドライバーのみなさんにグッドニュース！

30代以上というふうに年齢で絞りました。若者のクルマ離れが叫ばれている昨今、ドライバーの多くは30代以上です。実は、これも絞っているようでほとんど絞っていない例です。しかし、このように表現することで、自分のことだと関心を持つドライバーはぐっと増えるでしょう。

hint 25 ハードルや敷居を下げる

何かを発信するとき、ハードルを下げておくと、受け手は「自分でもできるかもしれない」と参加しやすくなります。これは商売においても同様です。まずハードルを下げて、利用してもらうこと。それがのちに本格的な利用につながっていきます。

本のタイトルには、「日本で一番やさしい」「世界一やさしい」「誰でもできる」「初心者のための」「初めての」「○○入門」「○○のトリセツ」「サルでもわかる」など、いかにも簡単そう、というものが多くあります（そういえば、この本のタイトルも『キャッチコピー力の基本』でしたね）。

こうしたタイトルには、共通の狙いがあります。まったくその分野の知識がなく、初めて本を手に取ろうとする人に対して、ハードルを下げて、とっつきやすくすることです。

これは、hint24でも触れた「ターゲットを絞っているようで絞っていない」という手法とあわせて活用できます。多くの人が抱えているコンプレックス、たとえば「片づけられない」「口ベタ」「続かない」などをタイトルにつけるのです。自分のことをそのように思っている人はとても多いので、ターゲットを絞っているようでそれほど絞らずに、ハードルを下げることができます。

商売においても、ハードルを下げるという手法は効果的に使えます。ガソリンスタンドの店頭の看板やポスターを例に考えてみましょう。「洗車だけしたい」と思っても、なかなか利用しにくいものです。しかし、次のような看板があるとどうでしょうか？

> ▶ 洗車だけでも、お気軽にお立ち寄りください！

かなり、入りやすくなりますよね。立ち寄って印象がよければ、定期的に利用してもらえるかもしれません。

また、店構えがちょっと入りにくそうなレストランだとしたら、次のような看板を店頭に出してはどうでしょうか。

> ▶
> - おひとりでもお気軽にお入りください
> - コーヒー１杯でもお気軽に！

「コーヒー１杯じゃ商売にならないよ」と思ったあなた。それは違います。コーヒー１杯でも、感動するおもてなしを受けたお客さんは、今度は料理を食べにきてくれるかもしれないのです。

現在、急拡大を続けている酒屋チェーン「カクヤス」のキャッチフレーズは、「東京 23 区、ビール１本から配送料無料」です。「ビール１本から」とハードルを下げたことが成功の大きな要因でしょう。実際にビール１本だけを注文する人は少数だと思いますが。

あなたが仕事で、商品開発やそのネーミングを考えなければならないとき、「ハードルや敷居を下げる」のはとても有効な手法です。

たとえば、ダイエット法のネーミングを参考にしてみましょう。

ダイエットのように、苦労しなければ達成できないと思われているものは、いかに手軽にできるかを強調するかがカギになります。

見本▶
- 巻くだけダイエット ※89
- 貼るだけダイエット ※90
- 寝るだけダイエット ※91

このような「○○だけ」というフレーズは、ハードルや敷居を下げるマジックワード（hint58参照）のひとつです。

もうひとつ参考になるのが、料理のレシピのネーミングです。料理も一般的には手間がかかると思われているので、いかに簡単かをアピールすることが重要になってきます。以下、その例です。

▶
- レンジで超簡単ホワイトソース
- 誰でもできる居酒屋焼うどん
- あっと驚くお手軽チーズケーキ

「○○で超簡単」「誰でもできる」「あっと驚くお手軽」などは、商品開発やネーミングのヒントになるはずです。手間がかかるイメージの商品であるほど、より効果は高くなるでしょう。

hint 26

正直に伝える

自らのマイナス部分を「正直に伝える」と、逆に信用してもらえるケースも少なくありません。デメリットがあるときには、それをあえてオープンにするのも有効な手段といえます。

次の“**見本**”は、長年続いている青汁のＣＭで、八名信夫さんが飲んだあとに発するひと言です。

普通▶	あー、おいしい。もう一杯
	⬇
見本▶	あー、まずい。もう一杯

このコピーは、元々、CMの絵コンテにはなかったセリフだそうです。八名さんが思わず口に出した言葉を、クライアントの社長がオッケーして、オンエアしたら大反響になったものです。普通、ＣＭではまず言われることがない「まずい」という正直な感想だったからこそ、人の心に残る言葉になりました。もちろん、この商品が健康のために飲むもので、味は二の次だったこともあるでしょう。

POPなどでは、この「正直に伝える」という手法が効果を発揮します。

普通▶ この品質で、この価格！

⬇

改善▶ 正直、少し高いかなって思います。でも使ってみたらびっくり。

普通▶ おいしいきゅうりです。

⬇

改善▶ 見た目は不細工。でも味はピカイチ！

どちらも“**改善**”のほうが、買ってみたいと思ったのではないでしょうか？　正直に欠点を述べたあと、「でも、実はこんな長所があるんですよ」という売り込み方をしているからです。**発信側が最初に欠点を認めると、受け手は、そのあとに述べる長所のことを「本当である」と受け取りやすくなる**のです。

仕事においても「正直に伝える」というテクニックは、効果を発揮します。営業やプレゼンにおいて、相手が突いてくるであろう弱点を、初めに語ってしまうのです。営業やプレゼンされる側は、基本的に「口でうまく言いくるめられるのではないか？」という警戒心を抱いている場合が多いものです。そんなときに、相手から正直に弱点を伝えられると、警戒心を解いてしまうのです。

弱点を正直に伝えたあと、商品や提案が弱点を上回るメリットがあることを強調すればいいのです。ただし、商品や提案の弱点を語る場合、それが受け手にとって致命的なデメリットではないことに気をつけましょう。

hint 27

親身に語りかける

hint18の「問いかけてみる」と少し似ていますが、より身近な問題について親身に語りかけるテクニックです。受け手にとって思わず「ハイ」と答えてしまうような語りかけにすると、「これは自分に向けて話しかけられているんだな」と感じます。

「親身に語る」という手法は、セールスレター、店頭の看板、POP、通信販売のコピーなどを書くときに、とくに有効です。

たとえば以下のように語りかけてみます。

▶ 最近、お腹まわりの脂肪、気になっていませんか？

お腹まわりが気になっている人は、ついつい「ハイ！　気になっています！」と心の中で答えてしまうでしょう。だとしたら、その先の文章まで読んでしまう可能性が高くなるのです。

語りかけのフレーズは、受け手が気にしていることや悩んでいることと合致すればするほど、効果を発揮します。

たとえば、整骨院の店頭の看板で、次のように語りかけられたらどうでしょう。

▶ その痛み、あきらめていませんか？

美容院であれば、次のように。

▶｜その髪形、本当に気に入っていますか？

スーパーの食品売り場であれば、次のように。

▶｜お母さん、毎日のお弁当のおかず、大変じゃないですか？

そうやって語りかけられると、お客さんは「そうそう、そうなんだよ！」と思って、以降の説明の文章も読んでくれる可能性が高くなります。

プレゼンなどの提案書でも、この語りかけるテクニックは有効です。たとえば、得意先に「売上アップ」のための提案をするとします。

普通▶｜今月の売上を50%上げる方法

↓

改善▶｜今月の売上を50%上げたくありませんか？

“**普通**”のようなタイトルであれば、受け手は心の中で、まず「本当かよ？」と思うものです。“**改善**”のように親身に語りかけられると思わず心の中で「ハイ！」と答えてしまいます。

タイトル・見出し・キャッチコピーなどで、まず「ハイ！」と答えてしまうような語りかけをすると、提案の中身に対しても「ハイ！」、つまり承諾してもらえる可能性は高くなるのです。

hint 28

クイズ形式にして問題を出す

クイズ形式で問題を出されると、「答えが知りたくなり、続きを読みたくなる」という習性が、人間にはあります。テレビ番組でも、クイズの問題が出て「答えはCMのあとに」というパターンをよく見かけます。これはその習性を利用しているのです。

東京のＪＲ山手線や中央線快速には、車両のドアの上にトレインチャンネルというデジタルサイネージ（電子看板）があります。音声なしの映像だけで、天気予報などの情報やＣＭが流れています。そのなかでクイズが出されることがあります。たとえば、次のような問題です。

▶ Q１　「生卵」「生玉子」どちらの漢字が正しい？

▶ Q２　「なおざり」と「おざなり」意味の違いは？

別に知っていても知らなくてもいいような問題ですが、答えが気になりませんか？（※答えはこの項の最後にあります）

これはあらゆる広告やセールスレターなどにも応用できる手法です。Web広告では、クリックレスポンス率を上げるには、キャッチフレーズをクイズ形式にするのも有効な手法です。ダイレクトメールでも、封筒の表にクイズ形式で問題を出すと、開封率が上がる可能性が高くなります。

ただし、広告したい商品にあまり近すぎるクイズだと、そもそも受け手が興味を抱かない場合もあります。できるだけ一般的な問題から広告につなげると有効です。

ブログやメルマガのタイトルも、クイズ形式にすると、受け手はついつい中身を読みたくなってしまいます。結果として、アクセス数が増えたり、開封率が増えたりするでしょう。

本の帯のコピーにクイズ形式のコピーを持ってくるのも面白そうですね。本の中から、クイズになるような問題をつくって、帯のコピーとして使うのです。問題を見てしまった受け手は、答えが知りたくて手に取る可能性は高くなります（立ち読みで「答え」だけ確かめて終わり、というリスクもありますが）。

企画書やプレゼンなどでも、この手法を応用してみましょう。タイトルや見出しでクイズを出すと、受け手は答えを知りたくなります。ただし、この場合は、広告とは逆で、提案の中身と関係がある問題にしましょう。関係のない問題だと、そちらのほうが気になってしまい、中身が上の空になってしまう危険性があるからです。

※**クイズ１の答え**：「卵」は生物学的な意味合いで、「玉子」は食材として調理したときに使われます。この場合、食材ではあるものの調理前でもあるので、どちらも正解。ひらがなやカタカナで書くことも多くあります。

※**クイズ２の答え**：「おざなり」「なおざり」どちらも「いい加減」というニュアンスを含みますが、「おざなり」は何かしら対応しているのに対して、「なおざり」は途中で放棄したり最初からやらなかったりする状態です。

hint 29 「このままでは未来は暗い」「変わらなきゃ！」と思わせる

今のままでは「未来が暗い」ということを気づくと、人間はそれを「何とかしなくては」「変わらなきゃ！」と思うものです。

書籍のジャンルのなかでも、自己啓発書は、読者に何か気づきを与え、行動のきっかけになることを目標としています。それゆえ、「このままでは未来は暗いから、変わらなきゃ！」と思ってもらうことが肝心です。

『だから片づかない。なのに時間がない。「だらしない自分」を変える７つのステップ』（マリリン・ポール著）※92も、タイトルからもわかる通り自己啓発書です。原題は、『It's Hard to Make a Difference When You Can't Find Your Keys.』。直訳すると、「カギになるものが見つからなければ、変わることは難しい」といった感じでしょうか。

この本は、まず帯のキャッチコピーからして強烈なインパクトがあります。以下の“**見本**”を見てください。

普通▶	あなたの机の上は片づいていますか？
	⬇
見本▶	机の上の醜態があなたの人生そのものだ

このコピーを書店で読んだ「机の上が片づいてないあなた」は、

「自分のことを言われている！」とドキッとするでしょう。おそらく本を手に取り、まず目次を眺めてみるのではないでしょうか。目次にも、「このままでは未来は暗い」「変わらなきゃ！」と思わせる強い見出しが並んでいます。

見本▶

- 机の上の惨状に、あなたの人生が凝縮されている
- 「今度の週末に大掃除」なんて決心するだけ無駄
- だらしない人は「言い訳の天才だ」
- 声を出してサポートを頼むか、「恥の上塗り」を続けるか
- 決断の先送りは、未来にゴミ（未決事項）を捨てるようなもの

どうでしょう？　この見出しを読んでいるだけで、「このままでは未来は暗い」「変わらなきゃ！」と思ったのではないでしょうか？　そう思ったら、レジに本を持って行くでしょう。机の上も人生も片づいてない人間は数多くいます。この本は12万部を超えるベストセラーになりました。

この手法は、あなたの仕事でも応用できます。企画書やプレゼンの提案書のタイトルや見出しに取り入れてみましょう。

受け手に気づいて欲しいと強く思うところであれば、「このままでは未来は暗い」「変わらなきゃ！」と気づかせてあげるようなメッセージは心に刺さります。あまりやりすぎると、逆効果になる危険性もあるので、くれぐれも注意してください。

hint 30

ランキングを利用する

情報が多すぎる現在では、「多くの人が買っている」「支持している」という事実が、大きな売りになります。人間は、他人が買っているものに関心があるのです。書店、ＣＤショップなどでランキングを表示しているのもそのためです。

ここ最近、テレビで目立つのは、ランキング形式で何かを発表していく番組です。昔から歌番組などではありましたが、ここ数年、激増しています。安い制作費で済むだけでなく、ランキング形式で発表していくと、視聴者は最後までつい見てしまう、という傾向があるからです。

本の新聞広告で、発行部数とともに、各書店のランキングが記述されているのをよく見かけます。「多くの人が買っている」という情報が、「自分も読みたい」という気持ちを起こさせるからです。

ランキングに入っているだけでも効果はあるのですが、なかでも「１位」であることは、さらに大きなアドバンテージになります。ひと昔前のハリウッド映画などでも、予告編で「全米１位」が売り文句になっているものがよくありました。

現実的に１位を取ることは、なかなかハードルが高いでしょう。そこで、「範囲を絞ったり、限定したりして、基準を変えることで１位になる」という手法があります。前述のハリウッド映画でも、全米１位は１週間だけ、初日だけ、とか限定された条件が、見えないくらい小さな文字で書かれていることが少なくありません（余談ですが、「全米が泣いた！」「全米、震撼！」みたいなコピーもよく見かけますね)。

書籍でも、「Amazon 1位！」とうたいながら、よく見ると総合1位ではなく、限定された分野での1位である場合も多くあります。それだけ「1位」というのはインパクトがあるということです。

それでは、実際に、ランキングの権威を利用したキャッチコピーを見てみましょう。

普通▶	大学生協でもよく読まれています！
	⬇
見本▶	東大・京大で一番読まれた本

“**見本**”は、累計100万部を突破した超ロングセラー『思考の整理学』(外山滋比古著)※93 の帯に書かれたコピーです。元々1983年に発売された本で、2007年までは累計17万部の売れ行きでした。

岩手県盛岡市の書店員が、「もっと若いときに読んでいれば……そう思わずにはいられませんでした」という手書きPOPをつけたところ、中高年を中心にバカ売れ。それに目をつけた出版社が同じコピーを帯に入れたことで、全国の書店で火がつきました。1年後には50万部を突破。しばらく勢いが弱まりましたが、09年2月に、“**見本**”の「東大・京大で一番読まれた本」というコピーをつけたところ、売上に加速度がつき、再々ブレイク。半年あまりで100万部を突破しました。

「東大・京大の生協」という限定された条件下でのナンバー1を、うまく活用した好例です。受け手は、その事実を「日本で最も知的な場所で売れている」というふうにとらえたのですね。それにしても半世紀以上前に出た本が、帯のコピーの力でここまで売れるのですから、「キャッチコピーの力」はスゴイですよね。

あなたの仕事でも、この限定した分野での１位という事実を利用して、何種類ものナンバー１をつくることができます。たとえば、居酒屋のメニューであれば次のようにできます。

- 女性のお客様に人気ナンバー１！
- O型のお客様になぜか人気ナンバー１！
- 店長オススメ No.1 ！
- 常連のお客様は「これが一番おいしいよ」と言ってくれます
- 夏に一番出るのはコレ！
- 昨日、一番オーダーがあったメニューです
- バイトスタッフのオススメ１位はこれだ！
- 昨年度、日本酒部門当店 MVP
- 2010 年度 当店における焼酎オブザイヤー受賞

上記のように、視点を変えるだけで、いくらでも１位はできます。そうやって１位と言われると、「ちょっと試してみようかな」と思うのがお客さんの心理なのです。

hint 31

希少性を強調する

『影響力の武器』（ロバート・B・チャルディーニ著）※94 の中でも強調されていますが、人間は「希少性」ということにとても弱い動物です。人は、「なかなか手に入りにくいもの」だとわかると、どうしてもそれが欲しくなってしまうのです。

また、時間を限定されることでも、希少性は高まります。「人は機会を失いかけると、その機会をより価値のあるものとみなす」のです。

何かを販売するときに、この希少性を強調するのは、定番中の定番の手法です。それだけ効果が確実なテクニックといえます。

店頭、ネット上にかかわらず、「○個限定」「○個限り」「残り○個」など、限られた数しかないことを強調するのは、よく見かける手法です。そうすることで、お客さんに「早く買わないとなくなってしまう！」と意識させることができるからです。

また、「本日限り」などの時間による希少性も有効です。「次回入荷は未定」「当店でしか手に入らない限定品」などのフレーズも、同じくお客さんの買う決断をあと押しします。人は希少性に弱いのです。

寿司屋のメニューに書いてある惹句を例に考えてみましょう。

普通▶	カマトロ、入荷しました
	⬇
改善▶	マグロ１匹から、数十グラムしか取れない希少な部位です

“改善”のように希少性が強調されていると、ありがたみがぐっと増します。

この手法はあなたの仕事にも応用できます。たとえば、あなたが何かを売らなければならないとき、個数や日時を限定するというやり方です。「店頭ではお売りしていません」「会員だけしか買えません」など、簡単に手に入らないことを強調するのも、希少性を高める方法です。

ただ、くれぐれも注意していただきたいポイントがあります。本当は余っているのに、あたかも貴重なものであるかのように強調し続けていても、やがてバレてしまうということです。効果のある手法だけに、乱用するのは避けたほうがいいでしょう。

また、多くの人が気づいていないことに視点を向け、「希少性」をアピールする手法もあります。たとえば、以下のようなものです。

▶｜今年のクリスマスは一生に一度しかありません

そう言われると、急に、今年のクリスマスが価値のあるものに思えてきませんか？　当たり前と言われればそれまでなのですが、そうやって言われなければわからない事柄で、希少性をアピールするのも有効な手段です。

hint 32 本気でお願いしてみる

何か受け手に行動を起こして欲しい事柄があるとき、「ストレートに本気でお願いしてみる」という手法があります。発信側の本気度が伝わると受け手の心は動くものです。

本気度をストレートに伝えた、広告コピーの例を見てみましょう。1985年の小泉今日子さん出演の風邪薬のCMは、多くのコピーライターに衝撃を与えました。

見本▶｜ベンザエースを買ってください

すべての広告は、「○○を買ってください」と言いたいのが本音です。ただ、本音を伝えたからといって、買ってくれるわけではありません。だからこそ、いろいろな手法やレトリックを使って受け手の気持ちを動かすようなフレーズが、考えられてきました。しかし、“**見本**”は、それを掟破りともいえる手法で、ストレートに「買ってください」と言い切りました。コピーライターは仲畑貴志さんです。

セールスマンに目の前で土下座されて、「買ってください。お願いします！」なんてやられたら、買ってしまう人も少なくないのではないでしょうか。人は本気のお願いに弱いものです。ただし、何度も使える手ではないのでご注意を。

COLUMN 3

「影響力の武器」使う？　守る？

人間には、誰かに教えられたわけでもないのに、ある情報や働きかけに対して反射的に起こしてしまう、「標準的固定的行動パターン」というものがあります。民族や人種、文化によって多少の差はありますが、共通する部分が多いのが特徴です。私たちは、「自分はちゃんと考えて行動している」と思いがちですが、実はよく考えずに「イエス」と答えている場合も多いのです。

たとえば、相手から何かモノをもらったり恩を受けたりします。すると、その人のことを好きか嫌いかにかかわらず、「何かお礼をしなければならない」という心理が働いてしまいます。これを「返報性の論理」といいます。人類の長い歴史において、「人から恩を受けたときに無視するより、何かお返ししたほうがよい結果が生まれることが多い」という経験から生じた反射的行動だと考えられています。

このような人間の行動パターンについて、社会心理学的な研究から述べられているのが、hint31 でも紹介した『影響力の武器』です。

その本の中でチャルディーニは、以下のような「武器」が、人間を反射的な行動に向かわす、と述べています。

1　返報性

「人間は、誰かから何かしてもらったら、何かをお返ししないと気持ち悪く感じてしまう」という行動パターンを持っています。

2　コミットメントと一貫性

「人間は、一度何かを宣言してしまうと、それをひっくり返して別の意見を述べにくくなる」という行動パターンを持っています。

3　社会的証明

「人間は、自分ではそういう人間ではないと思いながらも、他人の行動に大きく影響されてしまう（同調してしまう）」という行動パターンを持っています。

4　好意

「人間は、自分が好ましく思っている相手から勧められると、それがとてもよいものに見え、手に入れたくなってしまう」という行動パターンを持っています。

5　権威

「人間は、何かの権威（権力、肩書き、実績、ユニフォーム、ルックスや身なり）から命令されると、あまり何も考えずについ従ってしまう」という行動パターンを持っています。

6　希少性

「人間は、数が少ないことや、日時が限定されている、滅多に手に入らないなどの条件が提示されると、そんなに欲しくないものでもつい、欲しくなってしまう」という行動パターンを持っています。

いずれも、何かを売ろうとしたり、誰かに協力してもらったりする際に、とても有効なテクニックです。本書でも、この理論を応用したコピーライティングの手法をいくつか紹介しています。

しかし逆に受け手の立場になったとき、自分は反射的な行動をしていないかどうか気をつける必要があります。セールス、政治家、宗教団体、広告マンなどの説得のプロは、このようなテクニックを使って、彼らが思う行動に向かわせようと企んでいるかもしれないからです。

第4章

「語呂のよさ」を考える

hint 33

言葉のリズムを重視する

言葉のリズムがいいと、頭にトントントントンと入ってくるので、心に残るコピーになります。心に残るコピーをつくりたい場合は、リズムのよさを重視しましょう。

みなさんもよく知っている、リズム感のあるフレーズの例を見てみましょう。牛丼の吉野家のキャッチフレーズと言えば……

見本▶ うまい、はやい、やすい

宝塚歌劇団のモットーと言えば……

見本▶ 清く、正しく、美しく

『週刊少年ジャンプ』の三大キーワードと言えば……

見本▶ 友情、努力、勝利

いずれもリズムがいいので、言葉が気持ちよく頭に入ってきますね。とくに上記のように、3つの言葉が並ぶと、テンポよく心に刺さるので、記憶に残りやすくなります。

これらのフレーズは、雑誌の見出しや企業のキャッチフレーズなどで、一部を変更して使われることもよくあります（「清く、正しく、美しく」は漫画や楽曲のタイトルにもなっています）。

「３つの単語を並べてリズム感を出す」という手法は、日本でも世界でも数多く使われてきました。次もみんなが知っている例です。

見本▶｜見ざる、言わざる、聞かざる

これは日光東照宮の「三匹の猿」の彫刻に由来する教えとして有名ですね。この三匹の猿の教えは、実は日本が発祥の地ではなく、世界中に広く伝わっていることわざです。日本語での教えは、フレーズの語呂とリズムがいいので、印象に残ります。もうひとつの例を見てみましょう。

見本▶｜来た、見た、勝った（Veni vidi vici.）

ガイウス・ユリウス・カエサル（ジュリアス・シーザー）が、ゼラの戦いでの勝利を、ローマにいるガイウス・マティウスに知らせた手紙の文面です。

簡潔でリズムのいい文面だったからこそ、何千年もの時を経ても伝えられているのです（ちなみに、このフレーズをもじった、「来た、見た、買《こ》うた！」というキャッチフレーズで、大阪の家電店が長年ＣＭを打っています）

上記のような完成されたフレーズは、なかなかつくれないかもしれません。しかし、単純に言葉を３つ並べるだけでも、リズムのよいフレーズはつくれます。『anan』の見出しを見てみましょう。

見本▶

- モテる、デキる、キレイになる！　早起きブームを大検証。※95
- 考える、泣ける、勉強になる！　蒼井優が語る、読書の醍醐味。※96
- 親切、ハンサム、ナイスバディ♥　イケメントレーナーに指導されたい！　※97

いずれも言葉を３つ並べたことで、リズムがよくなっていることがわかるでしょう。

この「言葉を３つ並べる」という手法は、仕事でも応用できます。たとえば、あなたがイベントを催すことになり、そのタイトルを決めなければいけないとします。

イベントは、講師を呼び「キャッチコピー力の基本」を教えてもらうセミナーです。では、そのタイトルを考えてみましょう。

普通▶　「キャッチコピー力の基本」講座

⬇

改善▶　刺さる、つかむ、心に残る
「キャッチコピー力の基本」講座

“**改善**”は「刺さる、つかむ、心に残る」というリズムのよいキャッチコピーがあるので、タイトルが記憶に残りやすくなっているのがわかるでしょう。同じように企画書や提案書のタイトルの前にも、リズムのいいフレーズをつけてみましょう。

hint 34 五七調、七五調にする

短歌、俳句など、日本には昔から、「5文字」「7文字」ごとのまとまりでリズムを取る韻文が発展してきました。時代が変わっても、五七調や七五調のフレーズにすると、感覚的に頭に入りやすく、記憶に残りやすくなります。

たとえば、交通標語などのスローガンには、この形式がよく使われることは、ご存じでしょう。

見本▶
- 飛び出すな　車は急に　止まれない
- 急ぐとも　守れスピード　車間距離

章末の「コラム4」で触れる「戦時中のスローガン」でも、七五調のものが多いのが特徴です。標語やスローガンは、このような形式と相性がよいのです。

1968年、学園紛争が盛んな頃、東京大学駒場祭のポスターで、ある七五調のキャッチフレーズが注目を集めました。

見本▶
止めてくれるな　おっかさん　背中のいちょうが
泣いている　男東大　どこへ行く

このコピーを書いたのは、のちに小説家として有名になる、当時

東京大学に在学中だった橋本治さんです。その時代、高倉健さんをはじめとした任侠《にんきょう》映画が流行していて、惹句には七五調のものが数多くありました。おそらく、その影響を受けて書かれたものだと思われます。

では、七五調の仁侠映画の惹句を見てみましょう。

見本▶

- 生きていたなら　おふくろが　人を殺しちゃ　ならないと　俺の頬っぺた　濡らすだろ（『網走番外地・望郷篇』）
- 地獄みやげに　拝んでおけよ 雨のしずくか　血か汗か　濡れております　唐《から》獅《じ》子《し》牡《ぼ》丹《たん》（『昭和残侠伝』）

内容もとてもインパクトがありますが、それも七五調のリズムがあってのことでしょう。日本人にとって、七五調、五七調は、心にスーッと入ってくる魔法のリズムなのです。

ただ、上記の例を見ていただいてもわかるように、五七調や七五調にすると、フレーズが微妙に古くさくなります。言ってみれば、「昭和の匂い」がするのです。

CMでも、昭和時代には、五七調や七五調のキャッチコピーはよくありました。しかし最近はあまり見かけません。あえて、そういったレトロ風味を効かせたいときには、この形式を使ってみてはどうでしょうか。

五七調や七五調で、企画書や提案書のタイトルやキャッチコピーを考えてみるのも面白いかもしれません。

hint 35 駄洒落にする

「駄洒落＝オヤジギャグ」というイメージが強いかもしれません。しかし、見出しやキャッチコピーで、駄洒落がうまくはまると、強力なパワーを発揮します。もちろん一歩間違えると、寒くなるだけなので、使い方にはくれぐれも注意しましょう。

駄洒落のコピーといって、まず思い浮かぶのが、2009年に亡くなった、コピーライターの眞木準さんです（本人は「駄洒落」と言われるのを嫌い、「おしゃれ」と語っていましたが）。眞木さんの作品を見てみましょう。

見本▶
- でっかいどお。北海道。（全日空 北海道キャンペーン）
- おぉきぃなぁワッ。（全日空 沖縄キャンペーン）
- ホンダ買うボーイ。（ホンダ CR-V）
- ボーヤハント。（ソニーハンディカム）

単なる駄洒落ではなく、商品のイメージが広がっていく、名コピーであることがわかると思います。これらの作品は、一見すると、誰でもつくれそうに思えるかもしれませんが、なかなか真似できません。まずは、次の項で取り上げる「韻を踏む」や「対句にする」あたりからチャレンジしてみましょう。

hint 36

韻を踏む

言葉尻の音を合わせることを、「韻を踏む」、もしくは「押韻《おういん》」と言います。韻を踏むことで、フレーズにリズムが生まれ、受け手にとって、心地よさが生まれます。

「韻を踏む」という手法は、日本だけでなく、古くから西洋、中国でも主に「詩」や音楽の「詞」などで幅広く使われているものです。ラップの歌詞を思い浮かべるとわかりやすいでしょう。

CM などで使われる企業のスローガンでも、韻を踏むことで、印象深いフレーズになっているものがあります。

普通▶ このコンピュータの中には、インテルが入っています

⬇

見本▶ インテル入ってる

普通▶ セブンイレブンに行くと、いい気分になります

⬇

見本▶ セブンイレブン、いい気分

上記の例のように、語尾の共通する音が１音だけでなく、２音同じだと、韻を踏む効果はさらに高くなります。

話題の高卒ルーキーとして西武ライオンズに入団した松坂大輔選手は、1999 年５月 16 日、当時５年連続首位打者を続けていたイチ

ロー選手が所属するオリックス・ブルーウェーブ戦に先発しました。結果は、イチロー選手から3三振を奪うなど、8回を13奪三振1安打に押さえる快投を見せました。以下の“**見本**”は、その日のヒーローインタビューで、松坂選手が語った言葉です。

普通▶ すごい自信になりました

↓

見本▶ 自信が確信に変わってきました

これは、プロ野球選手の名言のひとつとして、今でも多くの人に記憶されています。もし“**普通**”の例のようなコメントであったら、どうだったでしょう？ 「自信」と「確信」という韻を踏む言葉だったからこそ、多くの人の記憶に残ったと思いませんか？

ちなみに、hint29で紹介した『だから片づかない。なのに時間がない。』という本も、「ない」が韻を踏んでいることで、長いタイトルにもかかわらず、記憶に残りやすいタイトルになっていました。

韻を踏むために、語尾が同じ言葉を探そうとする際には、『日本語逆引き辞典』（大修館書店）※98という、とても便利な辞書があります。単語の末尾から五十音に配列された辞書なので、韻を踏む言葉が見つけやすくなっています。まず、キーになる言葉を考えてから、韻を踏む言葉を調べるといいでしょう。キャッチコピー力を高めたい方は（ラッパーも？）、必携の辞書といえます。

hint 37

対句にする

対句とは、並べられた２つの句が、形や意味上で対応するようにつくられた表現形式のことを言います。本来、詩歌・漢詩・ことわざなどによく用いられる修辞法ですが、本のタイトルや雑誌の見出しなどで使うと非常に効果的です。

対句は、ことわざや慣用句などでよく使われます。次のようなものがそうです。

見本▶
- 人生は短く 芸術は長し
- 聞いて極楽 見て地獄
- 沈黙は金 雄弁は銀
- 帯に短し たすきに長し

いずれも語呂がいいので覚えやすく、心に残るフレーズになっていることがわかるでしょう。

1997年以降の年間ベストセラーランキングの上位に入っている本だけでも、対句を用いたタイトルのものが５つもあります。

見本▶
- 『他人をほめる人、けなす人』（1997年）※99
- 『話を聞かない男、地図が読めない女』（2000年）※100
- 『金持ち父さん貧乏父さん』（2001年）※101
- 『嘘つき男と泣き虫女』（2003年）※102

・『頭のいい人、悪い人の話し方』（2006年）※103

これまであげた例からもわかる通り、対句といっても、いろいろなパターンがあります。学問的に確立した分類はありませんが、本書では仕事や日常生活で活用するうえで、大きく5つに分けて解説します。

パターン1「Xである○○　Xでない○○」

『他人をほめる人、けなす人』『頭のいい人、悪い人の話し方』などがこのパターンです。

世の中をあるテーマで二分しているわけなので、どちらかに、すべての人があてはまります。それだけ自分事に感じてもらいやすくなるのです。この形式は、雑誌の見出しなどでも幅広く使われています。以下、順に『AERA』、『プレジデント』、『edu』の例です。

見本▶
・給料上がる人、下がる人 ※104
・いる社員、いらない社員 ※105
・子育てで美しくなる人、老ける人 ※106

パターン2「Xな○○　Yな△△」

『話を聞かない男、地図が読めない女』『嘘つき男と泣き虫女』など、次ページの例にあげた慣用句やことわざなども、すべてこのパターンです。ある意味、「一番、対句らしい対句」といえます。

XとY、○○と△△はそれぞれ対立概念になっていることが一般的です。先にあげた以外でも、次の慣用句もこのパターンです。

見本▶ ・前門の虎、後門の狼
・勝てば官軍負ければ賊軍
・注意一秒怪我一生

映画監督の黒沢明さんの名言も、この対句のパターンが使われています。

普通▶ 悪魔のように大胆に！ 天使のように細心に！

⬇

見本▶ 悪魔のように細心に！ 天使のように大胆に！

一般的な「悪魔」「天使」とは、逆のイメージの言葉と組み合わせていることが、さらにこのフレーズを力強く、印象深いものにしています。

パターン3「Xな○○　Yな○○」

パターン1と似ていますが、YはXの否定形ではありません。『金持ち父さん貧乏父さん』のように反対語の組み合わせもあれば、以下の例のように平行して対になる組み合わせもあります。

見本▶ ・「ナゴむハワイ」「アガるハワイ」ガイド ※107
・「良妻ワンピース」「悪女ワンピース」で、なりきり“いい女”※108

ファッション誌『VERY』と『STORY』にあった見出しです。「Aチーム対Bチーム」の「対」にあたる「VS」（versusの略）という単語で対立させる方法もあります。ビジネス雑誌『THE21』は、特集のキャッチフレーズでこの手法を上手に使っています。

見本▶
- 一流の読書術 vs. 二流の読書術 ※109
- 「仕事が速い人」vs.「遅い人」は、何が違うのか？ ※110
- 「時間貧乏な人」vs.「時間リッチな人」の習慣 ※111

次は、『AERA』の見出しです。

見本▶ 母としてのSEX　夫としてのSEX ※112

普通ならば「妻」と「夫」と対にするところを、「母」と「夫」を対にすることで、より心に刺さる組み合わせになっています。

対句は必ずしも名詞で終わる必要はありません。以下の標語のように動詞で終わるものもあります。

見本▶ ドラッグやめますか？　人間やめますか？

パターン4 「○○をXするな、○○をYせよ」もしくは、「○○をXするな、△△をXせよ」

先にくる名詞、または、後ろの動詞が共通することで、対になっているものです。次の例は1975年話題になったパルコのキャッチフレーズです。

見本▶｜裸を見るな。裸になれ。

次は、人気寿司チェーン店の求人広告のコピーです。

見本▶｜すしを握るな。喜びを握れ。

このコピーは、他の業種でも応用できそうですね。

次の例は、映画『踊る大捜査線 THE MOVIE』で青島刑事が語った名セリフです。

見本▶｜事件は会議室で起きているんじゃない。現場で起きているんだ

命令形ではありませんが、これもこのパターンのバリエーションと言ってもいいでしょう。

パターン5 上記以外

これまで紹介したパターンに入らない対句です。次のキャッチフレーズは、多くの方が知っているのではないでしょうか。

見本▶｜NO MUSIC NO LIFE

これは、タワーレコードのキャッチフレーズです。英語のことわざ「NO PAIN, NO GAIN」（苦労なくして成果なし）のもじりですが、もはや一企業のキャッチフレーズを超えて、一般的な言い回し

になっていますね。

見本▶｜愛に雪、恋を白。

　これは、一倉宏さんによる、1999年JR東日本のスキーキャンペーンのキャッチフレーズです。駄洒落風味も加わっています。

　あなたが企画書や提案書などで、このテクニックを使うのであれば、パターン4が一番使いやすいのではないでしょうか。

　たとえば、書店に向けた新しい売り方の提案をするとします。そのタイトルを考えてみましょう。

普通▶｜貴店の本棚を魅力的にするためのご提案

⬇

改善▶｜本を売るな。ストーリーを売れ

　“**改善**”の例のようなタイトルにすると、その先を聞いてみたくなりませんか？

hint 38 同じ言葉を並べる

hint33で述べた「言葉のリズムを重視する」というテクニックと少し似ています。「まったく同じ言葉」、または「意味が同じ言葉」を何度も使うことだけで、相手の心に刺さるフレーズになります。

単純に同じ言葉を並べるだけでも、強い言葉になります。たとえば、チーズ売り場でのPOPを例に考えてみましょう。

普通▶ チーズいろいろあります
⬇
改善▶ チーズ、チーズ、チーズ！

ただ同じ言葉を3回繰り返しているだけなのに、勢いがあって、チーズがいっぱい置いてあるイメージがしませんか？

また、同じ言葉を使いながらも、「活用や語尾を変えて繰り返す」という手法もあります。同様に、チーズ売り場のPOPを例に見てみましょう。

普通▶ チーズを一度、食べてみてください
⬇
改善▶ チーズを食べる、食べれば、食べよ！

最後の命令形は、失礼な感じもしますが、これも勢いがあるので、「ちょっと食べてみようかな」と感じる人も少なくないでしょう。

同じ意味の言葉を、別の表現で反復することで、意味を強める手法もあります。

普通▶ このチーズは、おいしい

⬇

改善▶ このチーズは、おいしい、うまい、デリシャス

これらの例でもわかるように、同じ言葉や同じ意味の言葉を反復するときも、3つの言葉を繰り返すと、語呂がよくなります。

この「同じ言葉」や「同じ意味の言葉」を並べるという手法は、とくに訴求するポイントやストーリーがない場合、覚えておいて損はないテクニックです。ただ、勢いだけで押し切るものなので、仕事での応用はあまり効かないことに注意してください。

hint 39 同語反復して意味を強くする

同じ言葉をパターンに沿って反復すると、意味に複雑な味わいが出て、言葉の力が強くなります。

「同語反復」も、対句と同様に、学問的な分類はありませんが、いくつかのパターンがあります。本書では４つのパターンに分けました。順番に見ていきましょう。

パターン１ Xは X型

同じ言葉を、「は」という助詞でつないだだけでも、意味が強調されます。

▶
- 正義は正義
- 女は女

これは、「が」や「も」でつなぐこともできます。

▶
- 正義が正義
- 正義も正義

それぞれ微妙にニュアンスが異なってきますね。形容詞の場合も、「ものは」「ものが」でつなぐと、同じように意味が強調されます。

▶ • いいものはいい
• うまいものがうまい

動詞の場合は、「ときは（時は）」でつなぐと、同じように意味が強調されます。

▶ • やるときはやる
• 食べるときは食べろ

ワンポイント・テクニックとして、これらのフレーズに「やはり」を入れると、その意味がさらに強調されます。

▶ • 正義はやはり正義
• 女はやはり女
• いいものはやはりいい
• うまいものはやはりうまい

次の例文は、同じ言葉を並べる効果を用いた、1989年の西武百貨店のキャッチフレーズです。コピーライターは糸井重里さんです。

見本▶ ほしいものが、ほしいわ

パターン2 たかが、されど型

同じ言葉を、「たかが」「されど」でつなぐと、その言葉の意味が深くなり、奥行きが出る表現になります。

▶
- たかが野球、されど野球
- たかが将棋、されど将棋
- たかがヒップホップ、されどヒップホップ
- たかが俳句、されど俳句
- たかがキャッチコピー力、されどキャッチコピー力

とくに、その分野で何かをきわめた人が、この言葉を口にすると、急に重みを感じるから不思議です。

パターン3 XだからX型　XからX型

このパターンは、結論の理由が同じ言葉になっているものです。

▶
- 好きだから好き
- 負けたのだから負けたのだ
- 悔しいから悔しい

何か理由を問われたときも、単純なひと言でも、このように答えると、メッセージがより強く、深くなります。

パターン4 XでないことがX

このパターンを同語反復に入れるべきかどうかは微妙ですが、同じ言葉を繰り返すという意味では、パターンのひとつとして考えることにしました。

▶
- 取り柄がないことが取り柄
- 意味がないことに意味がある

これに、「むしろ」という言葉を入れると、さらに意味が強調されます。

> ▶ ・取り柄がないことがむしろ取り柄
> ・意味がないことにむしろ意味がある

このパターンは、あとに述べる「逆説」にも分類されます。

「同語反復」は、仕事で何かコメントを求められたときにも使えるテクニックです。会議やプレゼンで、相手のコメントに反論するときなどにも使えます。

たとえば、あなたが提案した企画に対して、「それって意味がないんじゃないの？」という意見が出たとします。もちろん、明確なロジックで反論できればそれに越したことはありません。しかし、“**普通**”のように感情的に反論して泥沼化してしまうくらいであれば、以下の“**改善**”のように冷静に反論するという手法もあります。

> **普通**▶ 「意味はちゃんとあります！」
>
> ⬇
>
> **改善**▶ 「この企画は、『意味がないことに意味がある』と考えてください」

hint 40

対義語を組み合わせる

対義語同士を組み合わせることで、それぞれの言葉の意味だけでなく、読み手に別の深い意味を与えられるようになります。hint37の対句の短縮形ともいえます。

対義語を「と」で結ぶだけでも、奥行きのあるフレーズになります。これは文学作品の題名などで、よく使われます。

見本▶
- 『赤と黒』※113
- 『罪と罰』※114
- 『戦争と平和』※115
- 『美女と野獣』※116
- 『点と線』※117

みんなが知っているカップ麺のネーミングもそうです。

見本▶ 赤いきつねと緑のたぬき

対義語を組み合わせただけですが、非常に覚えやすく、優れたネーミングになっています。

これは、2つの違った商品で、シリーズ感を出すときに、よく使われるネーミングの手法です。次ページに、いくつか例を示しておきます。

見本▶
- 赤のケープ　緑のケープ（ヘアスプレー）
- 金のお風呂　銀のお風呂（入浴剤）
- 黒カリー　赤カリー（レトルトカレー）

対義語を「は」という助詞で結んで、１つのフレーズにして、対句にするという手法もあります。シェイクスピア『マクベス』※118の一節です。

見本▶ きれいはきたない。きたないはきれい

２つ目のフレーズに「こそ」を入れて強める手法もあります。

▶ 真実は嘘。嘘こそ真実

対義語を組み合わせて対句にすることで、意味あり気な、深いフレーズのように感じられるのがわかるでしょうか？

このテクニックは、hint39の「同語反復」と同様、仕事で何かコメントを求められたときにも使えるテクニックです。会議やプレゼンで、相手のコメントに反論するときなどにも使えます。

hint 41

反語を使う

反語とは、「発信したい情報とわざと逆の意味の問いかけをする」手法です。反語にすることで、表現が強くなります。

本のタイトルでは、反語表現を使うことで、表現を強くしているものが多く存在します。

普通▶	信長は天才ではなかった
	⬇
見本▶	『信長は本当に天才だったのか？』※119

普通▶	投資銀行はまだ死んでいない
	⬇
見本▶	『投資銀行は本当に死んだのか』※120

普通▶	談合が悪いとは限らない
	⬇
見本▶	『談合は本当に悪いのか』※121

上記の例でもわかるように、一般的に常識といわれていることと逆の意見を述べたいときに、反語を使うと効果的です。

企画書や提案書などでも、一般的な常識とは違う内容のことを語るとき、タイトルを反語にしてみましょう。

hint 42 反復して命令する

繰り返しながら、命令形にすると、強いフレーズになります。

最初の例は、漫画の名セリフです。

普通▶ 立つんだジョー

⬇

見本▶ 立て、立つんだジョー ※122

これは、『あしたのジョー』（ちばてつや著）で、トレーナーの丹下段平が試合でダウンした主人公の矢吹丈に向かって叫ぶ言葉です。“**普通**”のように、一度だけの叫びでは、ここまで記憶に残らなかったかもしれません。これは、キャッチコピーで何か勢いをつけたいときに使えるテクニックです。

営業部の社内張り紙のキャッチコピーを例に考えてみましょう。

普通▶ 目指せ 10%増

⬇

改善▶ 売れ、売るんだ！　達成しろ、達成するんだ 10%増！

内容は同じでも、“**改善**”のほうが勢いがあり、何が何でも達成しなければならない気持ちになるのではないでしょうか。

hint 43

逆説を提示する

「一見、常識と反対のことを語っているようで、よく考えるとそこに真実が隠れている」と思えるようなフレーズを「逆説」といいます。逆説は人を引きつけるコピーをつくるのに有効です。

ことわざには、逆説が使われているものが多くあります。たとえば、「急がばまわれ」「損して得をとれ」「負けるが勝ち」などがそうです。いずれも、「一見、逆のことを言っているようで、確かにそういう側面もあるな」という納得感があります。

何か新しい企画を考えるときも、この「逆説」を使って、タイトルを考えてみるのもおすすめです。これまで思いつかなかった切り口の企画が生まれる可能性も高くなるでしょう。子ども向けの雑誌の見出しを例に、「逆説」を使ってみましょう。

普通▶ 子どもに学ぶ子育て術

⬇

改善▶ 子どもに育てられる子育て術

普通▶ 楽しく勉強する方法

⬇

改善▶ 遊びながら勉強する方法

どちらも“**普通**”のままだと、よく見かける平凡な企画の見出し案です。しかし、“**改善**”のようにすると、今までありそうでなかった新しい切り口の特集のように見えてきませんか？

では、あなたが「逆説を提示する」方法を使って、得意先に何か提案する際のタイトルを例に考えてみましょう。たとえば、あなたが経営コンサルタントだとして、得意先に「営業スタイルの改善」を提案するとします。

普通▶「営業スタイル改善」のご提案
⬇
改善▶「営業せずに営業する方法」のご提案

“**改善**”の例のほうが中身を読んでみたくなるのではないでしょうか。それは逆説になっていることで、受け手の興味を引くからです。さらに、より強い逆説のタイトルを考えてみましょう。

普通▶「営業スタイル改善」のご提案
⬇
改善▶「得意先から営業される営業法」のご提案

これもぜひ中身を知りたくなりますよね。もちろん、どちらにしても、タイトルに見合うだけの中身がなければ、逆効果なのは、いうまでもありません。

受け手の興味を引くタイトルを考えて、そこから逆算して中身を考えていくと、新しい切り口の企画が生まれてくるのです。

hint 44

誇張して エンタテインメントにする

ただ、誇張するだけでは、オーバーな表現になり、かえって受け手は疑いを抱き、いい印象を持ちません。しかし、「誇張」がエンタテインメントとして成立していると、印象深いコピーになります。

次の例文は、2008年に大ベストセラーになった『夢をかなえるゾウ』（水野敬也著）の帯のコピーです。

普通▶ お前、このままだったら、100%成功できないよ

⬇

見本▶ お前なぁ、このままやと2000%成功でけへんで ※123

“**普通**”の例文だとよくある否定表現ですが、2000%という誇張表現により、コピー自体がエンタテインメントになっているのがわかるでしょう。また、登場人物がかなりユニークなキャラクターだということも、浮かび上がってきます。

次の例も誇張表現により、印象深いフレーズになっています。

普通▶ 美人市議

⬇

見本▶ 美人すぎる市議

2007年頃から「○○すぎる」という誇張表現のブームが続いています。この表現が全国的なブームになったきっかけは、青森県八戸市の市会議員（2010年6月現在）の藤川優里さんです。その美貌が「2ちゃんねる」で話題になり、「美人すぎる市議」というキャッチコピーが生まれました。

もし、これが“**普通**”の例のような、ありきたりな表現であれば、ここまで有名にならなかったかもしれません。「美人すぎる」という、誇張がエンタテインメントになっている表現だからこそです。

「○○すぎる」というフレーズは、2010年現在、さまざまな場所で使われています。先日も、あるパン屋さんで「おいしすぎるクリームパン」というコピーを見ました。 そんな表現を見ると、つい「どれくらい、おいしいんだろう？」と思って買ってみたくなります。

ただし、ひとつだけ注意していただきたいことがあります。本当に「おいしすぎる」のであれば問題ありませんが、それほどでもない場合は、買い手に強い失望を与えてしまいます。「もう二度と買うもんか！」と思われてしまう可能性もあるでしょう。短期的にはそのキャッチコピーでお客さんが増えたとしても、長期的に見ればマイナスになることもあります。

このような誇張表現を仕事で使うときには、「これは本気で言っているのではありません」と受け手にちゃんと示すことが大切です。あくまでエンタテインメントで誇張していることを、はっきり示さないと、ほら吹きのように思われてしまいます。その点では、普通に使うのは危険なテクニックともいえるでしょう。

hint 45

方言を使って ニュアンスを変える

方言を使うことで、コピーに親近感が生まれます。

hint44で取り上げた『夢をかなえるゾウ』の帯のコピーを思い出してください。実は誇張表現にプラスして、関西弁であることも心に残るコピーとなった要因です。同じコピーでも、方言を取り入れるだけで、印象が大きく変わってきます。

まず最初に、2009年の衆議院選挙で茨城の選挙区に立候補した、新人の民主党議員のキャッチフレーズを見てください。この候補は“**見本**”のように茨城弁を取り入れることで、現職の大物議員を破り当選しました。

普通▶	今こそ（茨城を）一度、変えるときです
	⬇
見本▶	いっぺん、変えっぺよ。

2004年にヒットした映画『スウィングガールズ』は、東北地方の女子高生たちがビッグバンドジャズにのめり込んでいくというお話でした。そのキャッチコピーにも方言が使われ、印象に残るコピーになりました。

普通▶ ジャズ、やろう！

⬇

見本▶ ジャズ、やるべ！

2010年のNHK大河ドラマ『龍馬伝』の影響で、土佐弁（もどき？）のPOPをよく見かけます。次の例は、レンタルビデオ店で見かけたPOPです。

普通▶ これは必見です

⬇

見本▶ これは必見ぜよ！

“**普通**”の例だとよく見かけるPOPですが、「必見ぜよ！」という方言にすることで、印象深いものになっています。

たとえば、あなたがお店を経営していたとして、日本全国のさまざまな県で生産された商品を扱っているとします（全国の日本酒や焼酎を扱っているリカーショップなどがイメージしやすいと思います）。

それぞれの商品につけるPOPのコピーを、生産した県の方言で書いてみるのはどうでしょう？　普通のPOPに比べると、イキイキとしたものになって、お客さんへのアピール度合が違ってくるはずです。このように方言を使うと、標準語とはまったく違う言葉のニュアンスを伝えることができるのです。

COLUMN 4

コピーは歴史さえも変える

「欲しがりません、勝つまでは」「進め一億火の玉だ」「産めよ殖やせよ国のため」「鬼《き》畜《ちく》米《べい》英《えい》」といったフレーズを聞いたことがあるでしょうか。これらはすべて、第二次世界大戦中に戦意を高揚させるために、政府が発信したスローガンでした。

民主主義、自由主義的な空気だった大正デモクラシーの時代から、昭和10年頃になると軍部の力が急速に増してきます。政府による情報メディア統制も行なわれるようになりました。そんな時代背景から生まれたのが「戦時標語」です。

まず、日中戦争の長期化で物資不足が深刻化してくると、国民の生活のあり方を改善するような標語が多数つくられていきます。「ぜいたくは敵だ」というスローガンが書かれた立て看板が、東京の目抜き通りを中心に1500本も立てられたのもこの頃です。以降、政府だけでなく、地方自治体、マスコミ、企業なども、国民の生活統制・精神動員・戦意高揚のために、標語を公募し、発表しました。

その多くは七五調で語呂がいいのが特徴でした。ほとんどの国民は、この単純なスローガンにマインドコントロールされ、「これは正しい戦争なんだ」と苦しい生活に耐えながら、日本の勝利を信じていたのです。

言葉（コピー）の力は、時として歴史を変えてしまうこともあるのです。本書は使い手の立場に立った本ですが、受け手になった場合には、マインドコントロールされないようくれぐれも気をつけましょう。

第5章

「比喩力」を磨く

hint 46 直喩《ちょくゆ》（明喩《めいゆ》）でたとえる

比喩には、いろいろな分類方法がありますが、「直喩（明喩）」と「隠喩《いんゆ》（メタファー）」の２種類だけ覚えておけば十分です。

ごくごく簡単に説明すると「直喩」は、「比喩であることがわかるように示している比喩」です。具体的には「○○のような」「○○みたいな」「○○のごとく」などといったフレーズがつくのが直喩です（ただし、キャッチコピー力という観点からは、「直喩」と「隠喩」の区別を厳密に考える必要はありません）。

まず、直喩がいかに効果的なものか、その例を見てみましょう。サンタクララ大学のマクワリーとフリップスは、食器洗い用の洗剤で、「比喩を使ったコピー」と「使わないコピー」を比較して、どちらが効果があるかを調べました。

普通▶ この洗剤は、頑固な汚れをキレイに落とします！

⬇

見本▶ この洗剤は、頑固な汚れをブルドーザーのようにキレイに落とします

比較テスト の結果、“**見本**”のように比喩を使ったほうが、「この洗剤を使ってみたい」という人が多いという結果になりました。比喩を使うことで、人の心に強い印象を残したのです。

次に、1960年代に活躍した伝説のボクサー、モハメド・アリのキャッチフレーズを見てみましょう。

普通▶ 軽やかにステップを踏み、素早くパンチを入れる

↓

見本▶ 蝶のように舞い、蜂のように刺す

比喩を使ったことで、アリ独特のアウトボクシングの特徴を見事に言い表わしています（hint37で紹介した対句にもなっています）。

“**普通**”のような表現ならば、多くのボクサーにあてはまる特徴ですが、「蝶のように舞い、蜂のように刺す」はアリにしか使えないオリジナルなフレーズになっています。

このように、比喩を使うとその言葉を感覚的に理解しやすくなります。記憶にも残りやすくなります。

講演などを聞きに行って、他の話はすべて忘れてしまったのに、比喩やたとえ話だけが記憶に残っていることもあるのではないでしょうか。

話がうまい人は、往々にして比喩やたとえ話も上手です。何か発言を求められたとき、比喩やたとえ話を使うと、発言に説得力が出ます。

比喩がうまい人に、野球界では野村克也さん、サッカー界ではイビチャ・オシムさんがいます。２人の発言は、その巧みな比喩によって、メディアに多く取り上げられています。この２人の語録が本になっている背景には、「比喩力」による部分が大きいのではないでしょうか。

では、実際にその比喩表現を見てみましょう。

見本▶	王や長嶋が太陽の下で咲くヒマワリなら、オレは夜にひっそり咲く月見草のようなもの

これは野村さんが現役時代、史上2人目の600号ホームランを打ったときの談話です。「月見草」という比喩は、それから30年以上経った現在においても、野村さんの代名詞になるほどインパクトのある比喩でした（余談ですが、この比喩は1カ月以上前から考えていたそうです。当時、記事になるのはセ・リーグばかりだったので、何か印象深いコメントを残さないと新聞記事にならない、と思ったからとのことです）。

次は、オシムさんの試合後の談話です。

見本▶	監督というものは、常に何がうまくいっていないかを探さないといけない。私はブラシのようなもの。常にホコリをはらうことをしないといけないのだ

監督をブラシという比喩でたとえたことにより、その役割が明確にイメージでき、とても印象深いものになっています。

会議などで何か発言を求められたりしたときも、比喩やたとえ話を使ってみましょう。

たとえば、会議で部長が過去の自慢話を延々と繰り広げているとすれば、「それってマラドーナの伝説の5人抜きみたいなものですよね」とサッカーでたとえてみる。部長を気分よくさせながら、そこでその話をまとめて打ち切らせてしまうという効用もあります。

また、あなたが会議のまとめ役だったとして、みんなからの意見が少し物足りないとします。だとすれば「素材や料理法はいいので、あとは味をひきしめるスパイスのような意見が欲しいですよね」などと料理でたとえてみてはどうでしょう。

ただ、たとえがあまりにマニアックすぎると、意味がわからなくなります。できるだけ、誰もが知っているような比喩にしましょう。

hint 47 隠喩(メタファー)でたとえる

「隠喩（メタファー）」は、比喩の代表選手です。一般的には、比喩であることを示さないで用いるのが、「隠喩」と言われています。キャッチコピー、タイトル、見出しなど、すべてに使えます。直喩に比べて、スピード感があり、読み手の心に届くので、より心に刺さりやすくなります。ただその分、たとえた意味がわからなかったり、見逃されたりすることもあります。

小説家の村上春樹さんが2009年にエルサレム賞を受賞したときのスピーチは、「壁」と「卵」というメタファーを使って大きな話題になりました。「もしここに硬い大きな壁があり、そこにぶつかって割れる卵があったとしたら、私は常に卵の側に立つ」という内容でした。そして、そのスピーチの中で自ら、壁は「爆弾、戦車、ロケット弾、白リン弾」、卵は「これらによって押しつぶされ、焼かれ、銃撃を受ける非武装の市民たち」のメタファーであると説明しました。

メタファーを使わなければ、それほどまでに大きな話題にはならなかったかもしれません。メタファーを使ったことで、鮮明にイメージが喚起され、聞き手の心に残ったのです（逆の効果として、壁の解釈を巡って、さまざまな意見がありました）。

hint35の駄洒落の項でもご紹介した、コピーライターの眞木準さんは、メタファーの達人でもありました。

次にあげるのは、いずれも全日空の沖縄キャンペーンのキャッチフレーズです。

見本▶

- トースト娘ができあがる
- 裸一貫 マックロネシア人
- 高気圧ガール、はりきる
- タキシード・ボディ流行
- 帰ったら、白いシャツ

どれも言いたいことはひとつだけ。「沖縄に行って、こんがり日焼けしましょう」です。それを毎年７年間、新しいメタファーを繰り出し、世間をドキッとさせ続けたのです。文字だけでも、ビーチで楽しみ、日焼けした姿のイメージがパッと頭に浮かんできます。

しかし、このような優れたメタファーは、なかなか簡単に浮かんでくるものではありません。では、ふだんから、比喩力を鍛えるにはどうすればいいのでしょうか？　それは、基本モデルというべき定型をマスターすることです。

たとえば、「人生」という言葉を例に考えてみましょう。まず、人生をいろいろなものに、たとえてみます。

▶

- 人生は山登り（のようなもの）だ
- 人生は旅（のようなもの）だ
- 人生はサッカー（みたいなもの）だ
- 人生は１冊の小説（のようなもの）だ

この際のポイントは、まず、「○○は△△だ」の「△△」（たとえ）を先に考えてみることです。次に、その理由となる「〇〇」と「△△」の共通点を見つけます。人生を山登りにたとえると、どのような共通点があるでしょうか？　たとえば、次のようなものが考えられます。

▶
- 上りもあれば下りもある
- 地図がないと心配だ
- 頂上だと思ってたどり着いたところが、頂上とは限らない
- 荷物は軽いほうがいいが、何もなければ心配だ
- 頂上までの登山道はひとつだけとは限らない
- 油断すると遭難する可能性がある
- 上のほうへ行くにつれて、見える景色が全然違う

これは人生を山登りにたとえるメタファーでしたが、他のテーマでもこのように共通点を探していくのです。このトレーニングを続けていると、いざというときに、メタファーを上手に使えるようになります。

企画書や提案書などでメタファーを使うときには、少しぐらい強引になっても言い切ってしまうと、強いフレーズになります。そんなとき、参考にしたいのが、グルメリポーターの彦摩呂さんが使うメタファーです。以下、いくつか例をあげてみます。

普通▶ とてもキレイな海鮮丼ですね

⬇

見本▶ この海鮮丼は、海の宝石箱や～

普通▶ 熱い出汁の中にいろいろな具材が入っていておいしそう

⬇

見本▶ このおでんは、具材の健康ランドや～

普通▶ 豚骨スープと魚介スープが絶妙にブレンドされています

⬇

見本▶ これはスープのできちゃった結婚や～

“**普通**”だとまったく印象に残りませんが、“**見本**”のように、かなり強引でもメタファーになっていると心に刺さるフレーズになることがわかるでしょう。

たとえば、あなたが人前で話をしなければならないとします。テーマは「商品開発」について。そのタイトルを考えてみましょう。

普通▶ 商品開発の進め方について

⬇

改善▶ 商品開発はサーフィンだ！
～時代の波をつかんでヒット商品を～

“**改善**”のほうが興味をそそるのではないでしょうか（「サーフィン」は「ロッククライミング」「トライアスロン」「受験勉強」「家庭料理」など、あなたがたとえやすいものに置き換えられます）。このようにメタファーを使うと、心に残るコピーがつくりやすくなります。

hint 48

擬人化する

擬人化とは、「物や動植物を、人のようにたとえて表現する」手法をいいます。擬人化は、大きく２つに分けられます。ひとつは、「『物や動植物の人間がするようなしぐさ』を３人称で表現する手法」。もうひとつは、「物や動植物が１人称で語る手法」です。

一般的に、擬人法は、３人称の擬人化のことをいいます。書店に来店してもらうためのキャッチコピーを例に考えてみましょう。

普通▶ ○○書店でいい本を見つけてください

↓

改善▶ あなたとの素敵な出会いを求めて、
大勢の本たちがワクワクしながら待っています

“**改善**”は３人称の擬人法を使ったコピーです。“**普通**”ではありきたりすぎて、誰の心にも残りません。しかし、擬人法を使ったことで、少しは印象が強くなったはずです。

ただ、インパクトとしては、もうひとつです。「待つ」という動詞は、物であっても使うことが多いので、それほど違和感を覚えません。普通だと結びつきにくい動詞にすると、さらに印象深いフレーズになります。

普通▶ ○○書店でいい本を見つけてください

⬇

見本▶ 本が笑う　本が泣く　本が歌い出す
○○書店は今日もにぎやかです。
彼らと遊んでいきませんか？

コピーとしての巧拙は別にして、“**改善**”は、少なくとも「何だろう？」と気になるフレーズになっているのではないでしょうか。

少し厳しい言い方になりますが、“**普通**”のようなコピーは、何も言っていないのと一緒です。インパクトに残るコピーをつくろうとするなら、「少しスベってもいいくらい」の思いきった気持ちで、何か引っかかりのあるフレーズを提示しましょう。

もうひとつの１人称的擬人法は、広告などで「商品自らに語らせる」という手法で、数多く使われています。2006年に駅などの看板広告で大々的なキャンペーンを行なった、検索サイト「goo」のコピーも、１人称的擬人法が使われていました。

普通▶ 検索サイト goo をご存じですか？

⬇

見本▶ こんにちは。Yahoo のライバルの goo です。

このように商品やサービス自身に語らせると、同じ説明をするのでも、ユーモラスな表現になります。擬人法により、結果として、受け手に感情移入させることもできます。

この擬人法という手法は、とくに店頭POPなど商品がそこにある場合などに使うと、効果を発揮します。

また、擬人法はネーミングでも威力を発揮します。商品やサービスを擬人化すると、それ自体がキャラクターになってイキイキと躍動し始めます。商品名に、単純に「君」「さん」「ちゃん」をつけるだけでも違います。

hint 49

擬物法を使う

擬物法とは、「人の動作や様子を、物や動物などにたとえる」手法です。

多くの観客の前で講演するとき、「お客さんをかぼちゃだと思え」というようなアドバイスがありますが、それが「擬物法」です。

たとえば、学校のPTAの行事で、生徒の父親に何か手伝ってもらいたいことがあったとします。その呼びかけのためのチラシのコピーを例に考えてみましょう。

普通▶	休日のお父さん、ぜひご協力ください！
	⬇
改善▶	休日のお父さん！「粗大ゴミ」から「貴重な資源」になってください！

“**普通**”だと、それこそ普通すぎて、スルーされてしまいます。“**改善**”では擬物法を使うことで、それを読んだお父さんたちは、「自分はこのように思われているのか」とドキッとして、本文をより注意深く読んでもらえる可能性が高くなります。

次は、擬物法を使って注目を集めたCMの例です。2009年からオンエアされている毛染めクリームのCMでは、最後のナレーションで擬物法のコピーが使われ、話題になりました。

見本▶｜妻は僕の太陽です

これを「素敵なコピー」と感じるか、「(わざとらしくて) ギャグみたい」と受け取るかは、受け手の感性しだいでしょう。しかし、毛染めのクリームという、普通であればほとんど記憶に残らないような商品のCMとしては、インパクトのあるものになりました。

「擬物法の名人」といえば、アナウンサーの古舘《ふるたち》伊《い》知《ち》郎《ろう》さんでしょう。今ではニュースキャスターのイメージのほうが強くなっていますが、アナウンサー時代、スポーツ中継や歌番組で印象深い擬物法のフレーズを数多く残しました。

たとえば、F1レーサーのミハエル・シューマッハのことを、「顔面三浦半島」「顔面ケルン大聖堂」「F1ティラノザウルス」などと擬物法で表現しました。水泳選手のイアン・ソープのことは、「水中四輪駆動」「沈まないタイタニック」などと表現しました。来日したばかりで、強烈な強さを誇っていた格闘家のボブ・サップのことは、「この肉体は本来であれば輸入禁止。戦うワシントン条約違反」というキャッチフレーズをつけました。

いずれも、かなり失礼なものや、ちょっと微妙なものもありますが、印象に強く残ることは間違いないでしょう。

なかなかふだんの仕事では使いにくいテクニックかもしれませんが、考えた言葉が普通すぎるとき、擬人法や擬物法を使うだけでも、「オッ！」と思うコピーになる可能性は高くなります。

hint 50

「アイ・ラブ・ユー」を別の言葉で言い換える

ある表現を別の言葉で言い換えることで、より心に刺さる表現になります。

世界中の脚本家たちは、「アイ・ラブ・ユー」に代わる言葉を探しています。とくに日本のドラマでは、その傾向がより顕著です。ドラマの登場人物が日本語でストレートに、「愛しています」「好き」と安易に言うと、それだけでそのドラマが安っぽくなってしまいます。

日本における近代小説の先駆者にして、ロシア文学の翻訳家でもあった二葉亭四迷は、「アイ・ラブ・ユー」を画期的な日本語に翻訳したことでも知られています。ツルゲーネフの小説『片恋（原題アーシャ）』[※124]の中で、ヒロインのアーシャが恋する男に決死の思いで、「ヤー・リュブリュー・ヴァス（ロシア語で『アイ・ラブ・ユー』）」とつぶやくシーンがあります。四迷はこの訳語に、「死んでもいいわ」という日本語をあてました。「愛している」と「死んでもいい」のどちらがより心に響く表現かは、明らかでしょう。

夏目漱石も、英語の先生をしていたとき、授業で「アイ・ラブ・ユー」を「我、君を愛す」と訳した生徒に対して、次のように言ったと伝えられています。「日本語にはそんな言葉はない。『月がキレイですね』とでも訳しておけ。日本人ならそれで通じる」と。あなたなら、「アイ・ラブ・ユー」をどんな言葉に置き換えますか？

hint 51 五感を使った言葉で表現する

前項と少し似ていますが、同じ感情を表わす場合でも、いろいろな言葉を知っているほうが、表現がより豊かになります。たとえば「おいしい」という言葉は、使う頻度が多いだけに、五感を使った言葉で表現できると、よりその感情が伝わります。

ワインのソムリエが、「深い森の下草のような」「濡れた小犬のような」などとワインの香りを表現することは、みなさんもご存じでしょう。単に味だけでなく、香り、食感、見た目、音など五感を総動員して表現しています。

サンプルとして、ワインを表現する際に、よく使われる言葉をいくつかあげてみます（順不同）。

▶
- **味**　あっさりとした／濃厚な／繊細な／刺激的な／なめらかな／厚みのある／イキイキとした／絹のような／攻撃的な／恍惚《こうこつ》とする／退廃的な／深みのある／フルーティー／スパイシー
- **香り**　さわやかな／心地いい／芳醇《ほうじゅん》な／官能的な／森林のような／ヘーゼルナッツのような／柑橘《かんきつ》系の
- **食感**　噛みごたえのある／まったりとした／みずみずしい／丸みのある／ビロードのような
- **音**　波の音が聞こえてきそうな／草原を揺らす風の音が聞こえてきそうな／川のせせらぎが聞こえてきそうな

これらの表現はワインだけでなく、日本酒、焼酎、ウイスキー、カクテルなどのアルコールドリンクにも応用できます。コーヒー、紅茶、中国茶などを表現する際にも使えます。飲食店や食料販売店で、メニューやPOPなどでその味のおいしさを表現するときのヒントになるでしょう。

言葉をいろいろと言い換えることができると、一般的には短所と思われている部分を、長所に変えることもできます。以下、いくつかの例をあげておきます。

- **まずい**
  不思議な味／好きな人にはたまらない／インパクトが強い／くせになりそうな／大人の味
- **劣っている**
  粗削りな／若々しい／可能性を秘めた／これからが楽しみな／個性的な
- **古い**
  伝統がある／味わいがある／どこか懐かしい／昭和レトロな／ストーリーがある／誰かに話したくなる
- **新しい**
  フレッシュな／流行の／新鮮な／時代にマッチした／これまでにない／最先端の
- **高い**
  一生モノの／どこに出しても恥ずかしくない／お値打ち品／見る人が見るとわかる／自信が持てる／オーラがある
- **安い**

リーズナブルな／掘り出し物／お値打ち品／お買い得／お財布にやさしい／家計にやさしい

このように、ひとつの言葉を別の言葉に言い換えられるボキャブラリーがあると、「キャッチコピー力」は確実に向上します。

COLUMN 5

教訓を変化球で伝える

意味としては比喩に近いのですが、ストーリー全体が象徴的もしくは寓意的な意味合いを持つものを「アレゴリー」と呼びます。

たとえば、「鎖につながれた象」というストーリーを聞いたことがある方もいらっしゃるでしょう。以下は、その要旨です。

「サーカス小屋にいる大きな象は、小さな杭に鎖でつながれているだけだ。しかし象は逃げようとしない。象の力があれば、そんな杭など引き抜いて逃げられるはずなのに。実はこの象、生まれたときから鎖につながれていた。何度も動かそうと試みたが、小さい象には杭はビクともしなかった。何度も何度もチャンジしたが無駄。ある日、子象は、自ら動くことをあきらめた。それからというもの、象は一度も自ら動こうとしていない。今となっては、簡単に引き抜ける杭におとなしくつながれているのだ」

このようなストーリーが「アレゴリー」です。このストーリーは象のお話ですが、多くの人間はこれを自分や他の人間にあてはめて考えます。そして、「自分で、できないと決めつけていることがあるのではないか」というような教訓を導き出すのです。

他にも、「徐々に茹《ゆ》でられるカエル」「箱に入れられたノミ」「エスキモーに冷蔵庫を売る話」などのアレゴリーが有名です。イソップ童話などの寓話も、アレゴリーの代表です。

第6章

「名言」を貯金する

hint 52

名言を利用する

古くから語り継がれてきた「名言」は、人の心を動かす強い力を持っています。名言を利用するポイントは、「名言をそのまま、誰が言ったかということも含め」引用することです。

政治家の演説で、先人の名言を引用することはよくあります。記憶に新しいものでは、2010年1月の鳩山由紀夫首相（当時）の施政方針演説があります。マハトマ・ガンジーの名言を引用しました。これには賛否両論がありましたが、このように政治家が偉人の名言を引用するのにはわけがあります。

受け手は、名言を上手に引用した人が、何かいいことを言ったような錯覚に陥るからです。単に引用しただけで、オリジナルなものではないにもかかわらずそうなります。名言自体に人の心を動かす力があるのと、人間が権威に弱いという習性があるからです（第7章で詳しく説明します）。

名言には、このような強力なメリットがあります。ぜひ多くの名言を自分の引き出しに仕入れてストックし、自分のものにして、いつでも自在に活用できるようにしましょう。以下に、使い勝手がよさそうな名言をいくつかあげておきます。

文学者の名言

- 「人間にとって、その人生は作品である」司馬遼太郎（作家）
- 「１つの顔は神が与えてくださった。もうひとつの顔は自分で

造るのだ」シェイクスピア（劇作家・詩人）

- 「一番幸せなのは、幸せなんて特別必要でないと悟ることです」ウィリアム・サローヤン（アメリカの小説家）
- 「賢いとは、多くのことを知っている人ではなく、大事なことを知っている人をいうのだ」アイスキュロス（ギリシャの劇作家）

政治家の名言

- 「為せば成る 為さねば成らぬ何事も 成らぬは人の為さぬなりけり」上杉鷹山（米沢藩藩主）
- 「言葉はあなたの気がつかない深いところでその仕事をやってくれます」ジョン・マクドナルド（カナダの初代首相）
- 「あなたが一番だましやすい人は、あなた自身」エドワード・ブルワー・リットン（イギリスの政治家）
- 「ある事を真剣に３時間考えて、自分の結論が正しいと思ったら、３年かかって考えてみたところでその結論は変わらないだろう」フランクリン・ルーズベルト（アメリカ大統領）
- 「人が決まってウソをつくとき。それは狩の後、戦争の最中、そして選挙の前」オットー・フォン・ビスマルク（ドイツの政治家）

中国古典の名言

- 「人を知る者は智なり、自ら知る者は明なり」老子
- 「君子の交わりは淡きこと水の如し」荘子
- 「不義にして富みかつ貴きは、我において浮雲のごとし」孔子
- 「為さざるなり　能わざるに非ざるなり」孟子
- 「信を信じるは信なり。疑を疑うもまた信なり」荀《じゅん》子
- 「百戦百勝は善の善なるものに非ず」孫子

名言は、もちろんこれ以外にも数多くあります。できるだけたくさん覚えて、会議やプレゼンの席など、適切なタイミングで引用しましょう。それだけで、あなたの株は上がるはずです。

また、企画書や提案書の表紙などに、内容に合った名言を引用するというのも有効な手法です。受け手は、たとえあなたの言うことは信用していなくても、権威のある人間の名言は信用するものです。

hint 53 ことわざ・格言・慣用句を利用する

ことわざ・格言・慣用句は、そのまま引用しても効果がありますが、それをもとにさまざまな形で利用するという手法もあります。日本では、江戸時代に地口《じぐち》という言葉遊びが流行しました。簡単にいうと、ことわざ・格言・慣用句・名セリフなどに似せてつくったパロディです。元ネタをみんなが知っていると、記憶に残るコピーになるのです。

この地口という手法は、広告などのキャッチコピーでよく用いられています。

原文▶ 梅は咲いたか、桜はまだかいな

⬇

見本▶ 梅は咲いたか、Y・M・Oはまだかいな

かなり古い例になりますが、1980年代、YMO（イエロー・マジック・オーケストラ）全盛時代のプロモーションで使われていたキャッチコピーです。“**原文**”の「梅は咲いたか、桜はまだかいな」は江戸時代の都々逸《どどいつ》です。きちんとした由来は知らなくても、聞いたことがあるフレーズでしょう。

この手法によって、桜を待ちわびるように、YMOの新譜を待ちわびる気持ちが表現されています。

次は、パロディによってインパクトのあるコピーになった例です。

原文▶	バカも休み休み言え
	⬇
見本▶	バカも休み休み yeah ！

これは1997年にヒットしたイギリス映画『オースティン・パワーズ』の日本でのキャッチコピーです。お馬鹿なコメディ映画の空気を表わすのに、「バカも休み休み言え」という慣用句の地口を使ったコピーになっています。

本やドラマのタイトルなどにも、この地口の手法はよく取り入れられています。

原文▶	花より団子
	⬇
見本▶	『花より男子』※125

原文▶	渡る世間に鬼はなし
	⬇
見本▶	『渡る世間は鬼ばかり』

原文▶	命短し恋せよ乙女
	⬇
見本▶	『夜は短し歩けよ乙女』※126

受け手が原文を知っていると、場合によって同じ意味を表わすフレーズよりも、パロディであることでより印象に残りやすくなります。ことわざ・格言・慣用句は日本人であれば、小さい頃から慣れ親しんでいるものなので、一部を変えても結構意味が伝わります。使い方によってインパクトのあるものにもなるのです。

また、ことわざの一部を、あなたが伝えたい商品やサービス名に差し替えてみると、面白いフレーズができることが多くあります。

たとえば、本書のタイトルである「キャッチコピー力」を、いろいろなことわざ・格言・慣用句に取り入れてみましょう。

- 転ばぬ先のキャッチコピー力
- 腐ってもキャッチコピー力
- 豚にキャッチコピー力
- 井の中のキャッチコピー力、大海を知らず
- キャッチコピー力を笑うものはキャッチコピー力に泣く
- キャッチコピー力よ、大志を抱け
- 親しき仲にもキャッチコピー力
- 弘法もキャッチコピー力の誤り
- 火にキャッチコピー力を注ぐ

単純に代入しただけでも、イメージがわいて、実際に使えそうなものがいくつかありませんか？　キーワードを「あなたの売り」に入れ換えて、ブログのタイトルとして日替わりで使ってみるのも面白いかもしれません。ぜひ、あなたの商品やサービス、タイトルを入れて試してみてください。

hint 54

マンガ・アニメの名言を利用する

マンガやアニメは名言の宝庫です。もちろん、引用という形もよいのですが、名言を参考にして、あなた自身で新しい名言をつくってみましょう

では、マンガやアニメの名言をいくつか拾ってみましょう。

- 「おまえのものはおれのもの。おれのものもおれのもの」ジャイアン『ドラえもん』※127
- 「認めたくないものだな……、自分自身の、若さ故の過ちというものを」シャア『機動戦士ガンダム』
- 「月は欠けているように見えても、本当は常に形を変えずにそこに在るって事、忘れないでね」ハチ『NANA』※128
- 「人生が、何の為にあるかって。それは、大事な人の手を、こんな時に、強く握る為なんじゃないのか？」竹本『ハチミツとクローバー』※129
- 「自由に楽しくピアノを弾いて、何が悪いんですか!?」野田恵『のだめカンタービレ』※130
- 「さあ、楽しい音楽の時間デス」シュトレーゼマン『のだめカンタービレ』
- 「あたしは仕事したなーって思って死にたい」松方弘子『働きマン』※131
- 「敬遠は一度覚えるとクセになりそうで」上杉達也『タッチ』※132

- 「答えを見つけるには、汗をかくのよ」瞳子監督『イナズマイレブン』
- 「１つ教えてやるぜ。バスケットは算数じゃねぇ」流川楓『スラムダンク』※133
- 「あきらめたらそこで試合終了ですよ」安西先生『スラムダンク』
- 「私は会社と……恋愛したい」矢島金太郎『サラリーマン金太郎』※134

もちろん、まだまだ山のようにあるでしょう。当然、このまま引用しても（もちろん引用元は明示して）いいのですが、これらの名言をヒントに何か別のフレーズを導くのもひとつの手です。

たとえば、最後の「私は会社と……恋愛したい」。これは普通では、組み合わされない「会社」と「恋愛」の組み合わせが面白いですね。その発想をいただいて、新たに自分のフレーズとしてつくってみるのです。

応用▶

- 仕事と恋愛しよう！（女性誌の特集コピー）
- 野菜と恋愛しに来ませんか？（農家の求人広告）
- 僕はこの本に恋をした（書店の店頭POP）

あなたも、自分の好きな名言を活用して、いろいろな刺さるフレーズをつくってみましょう。

hint 55

普通の人の名言に耳をそばだてる

偉人の言葉だけが名言ではありません。また、マンガ、アニメなど、フィクションに登場する言葉だけが名言でもありません。普通の人が何気なく語った言葉にも名言はあります。

普通の人々の言葉に耳をそばだてることは、「キャッチコピー力」を鍛えるうえでも、とても重要です。普通の人たちの口から出るフレーズには、時代の空気が一番現われているからです。「おっ！」と思うフレーズがあれば、メモをしておき、あとで何かに使えないか考えることを習慣にしましょう。

先日、ファーストフード店で大学生らしき男子が２名、年上の女性との恋愛について語っている話が耳に入ってきました。そのなかで、次のようなフレーズが出てきました。

原文▶｜「歳はオバサンでも、あきらめてない人ならアリかな」

このフレーズ自体はとくに名言というほどのものではありません。ただ、「あきらめてない人」という言葉が面白いなと思いました。この言葉は、アラサー、アラフォー、アラフィー向け女性のさまざまな商品やサービスに応用できそうだからです。

応用▶｜
- 自分をあきらめないで（フィットネスクラブのコピー）
- 女をあきらめていませんか？（女性誌の特集コピー）

・あきらめたら、女は終わり（女性化粧品のコピー）

街中の言葉だけでなく、テレビや雑誌などで有名人が発していたような言葉からも応用できます。たとえば、先日、女優の大竹しのぶさんがテレビのドキュメンタリーでこんな発言をしていました。

原文▶「体力があるのも才能のひとつだと思う」

「体力」を「才能」と表現するという、あまり使わない言葉の組み合わせが面白いですね。このように、何気ないひと言を応用してフレーズをつくってみましょう。

応用▶
- 体力は一番の才能だ！（体育大学のキャッチフレーズ）
- 惚れやすいのも、才能だと思う（女性誌の特集コピー）
- 人見知りも、ひとつの才能です（子育て誌の見出し）

こんなふうに、誰かが何気なく語った名言は、街中にもテレビにも雑誌にも、たくさん転がっています。人がふと発した言葉は、意外性があって面白いものが少なくありません。それをストックしておいて、いろいろと応用してみましょう。

hint 56 ［映画・小説・曲のタイトルをもじる］

hint53と方法論は似ていますが、タイトルなどを考える際、既存の有名なタイトルをもじると、覚えてもらいやすくなります。

有名なタイトルの元ネタをもじった題名の本はたくさんあります。

原文▶『ヘンゼルとグレーテル』

⬇

見本▶『ヘッテルとフエーテル』※135

『ヘッテルとフエーテル』（マネー・ヘッタチャン著）は、2009年の「タイトルだけ大賞」を受賞した、お金や投資にまつわる寓話です。元ネタはもちろんグリム童話の『ヘンゼルとグレーテル』ですが、とても風刺の効いた秀逸なタイトルになっています。

次の例も、元ネタをもじったことでインパクトのある秀逸なタイトルになっています。

原文▶『1984』

⬇

見本▶『1Q84』※136

2009～2010年、大ベストセラーになった『1Q84』（村上春樹著）

の題名は、ジョージ・オーウェルの『1984』のもじりです。『1984』は、1948年に執筆された未来小説で、スターリン体制下のソ連を連想させる、全体主義国家による支配への恐怖を描いたものです。

広告のキャッチコピーでも、有名な小説や映画からのタイトルをもじったものは多数あります。最近で秀逸だったのは、ヤマト運輸のCMのキャッチコピーです。

原文▶	『吾輩は猫である』※137
	⬇
見本▶	『宅配はネコである』

「猫」がトレードマークのヤマト運輸だからこそ使える素晴らしいもじりですね。

あなたがもし、商品名やキャンペーンのタイトルをつけるとき、有名な映画や小説や曲などのタイトルをもじることができないか考えてみましょう。欧米の映画・音楽・文学・美術などの有名なタイトルを集めた辞書、たとえば『和英・英和タイトル情報辞典』(小学館)などがあります。

COLUMN 6

野村克也の「名言力」に学ぶ

元プロ野球監督・野村克也さんには名言が多いことで有名です。それらの名言は、ただその場で思いついた言葉を語っているのではなく、何らかの元ネタからあらかじめ準備していることが多いそうです。

hint46で取り上げた、「王や長嶋が太陽の下で咲くヒマワリなら、オレは夜にひっそり咲く月見草のようなもの」という名言もそうです。太宰治の『富嶽百景』※138で有名な一節「富士には月見草がよく似合う」を読んで思いつき準備していた、と野村さんご自身が語っています。

現役時代の終盤における野村さんのキャッチフレーズだった「生涯一捕手」もそうでした。南海ホークスで選手兼任監督を解任されたとき、親交のあった作家・草柳大蔵さんから贈られた「生涯一書生」という言葉をヒントに、自ら名のるようになりました。

野村さんの名言として伝えられる、「勝ちに不思議の勝ちあり、負けに不思議の負けなし」にも原典があります。肥前国平戸藩の九代目藩主・松浦清（静山）が『常静子剣談』という本の中で語っている言葉です。

実際、監督になってから、野村さんは日本や中国の古典を読みあさり、「使える言葉」を身につけることに必死だったといいます。「言葉」こそが、人の気持ちを動かすことをよく知っていたからでしょう。

野村さんご自身も、「リーダーは、その言葉に選手たちがどれだけ胸を打たれるか、感動されるかで値打ちが決まる」という名言を残しています。

第7章

「組み合わせ」て化学変化を起こす

hint 57 異質な言葉を掛け合わせる

これまでにも何度か触れてきましたが、異質な言葉同士を掛け合わせると、意外性のある強いコピーになります。

2008〜2009年にかけて流行語になった「草食（系）男子」「肉食（系）女子」。普通は人間には使わない「草食」「肉食」という言葉と、「男子」「女子」との組み合わせが新鮮でした。

このような異質な言葉を掛け合わせる手法は、広告でもよく見られます。1982年の西武百貨店の年間キャッチコピーは、異質な言葉の組み合わせで強いインパクトを残しました。

見本▶｜おいしい生活

コピーライターは糸井重里さんです。今でこそ「おいしい」という言葉と、「生活」や「仕事」などの名詞との組み合わせは普通ですが、当時は「おいしい」といえば食べ物を意味する以外はなかったのです。それゆえ新鮮な響きでした。

20代向けの女性誌『FRaU』は、「自由な女のワンテーマママガジン」というキャッチコピーで、毎号、目を引く特集を組んでいます。2010年7月号の特集は「おいしいカラダ」。そのなかで今求められるのは、「すべすべぽにょ」なカラダだと主張しています。「すべすべ」と「ぽにょ」の組み合わせは、斬新で印象に残りました。

見本▶ すべすべぽにょ ※139

本や映画のタイトルなど、短い言葉でインパクトを出そうと思うときにも、使われている単語同士のイメージができるだけ離れているほうが、心に刺さるものになります。

見本▶
- 『国家の品格』※140
- 『猟奇的な彼女』※141
- 『最終兵器彼女』※142
- 『博士の異常な愛情』
- 『時計じかけのオレンジ』※143
- 『蹴りたい背中』※144
- 『狼と香辛料』※145

いずれも、異質で意外な言葉の組み合わせで、心に残るタイトルになっています。短い言葉ではありませんが、2010年のベストセラー『もし高校野球の女子マネージャーがドラッカーの『マネジメント』を読んだら』（岩崎夏海著）※146も、「女子マネージャー」と「ドラッカー」という組み合わせの異質さが、印象深いタイトルでした。

では、実際にこの手法を仕事に応用してみましょう。たとえば、あなたが何か新しい企画を立てなければいけないとします。そんなとき、まずキーワードを見つけて、それに異質な言葉を掛け合せてみるのです。

たとえば、「大人の」というキーワードがあるとします。だとしたら、本来は「子どもにまつわる事象」を組み合わせることで、面白さが引き立ちます。

- 大人の社会科見学
- 大人の修学旅行
- 大人の駄菓子屋
- 大人の夏休み
- 大人のままごと
- 大人の自由研究

たとえば、キーワードが「男」だったとします。だとしたら、「本来、女性が使うもの」を組み合わせてみることで、「ドキッ」とする言葉になります。これも商品開発のヒントになるかもしれません（ただし、なぜか男女を逆にすると、あまりキャッチーなコピーになりません）。

- 男のブラジャー
- 男のファンデーション
- 男のネイルケア
- 男のランジェリー
- 男のメイク術

また、あなたが、飲食店を経営しているとします。ランチタイムは繁盛するけど、それが夜の集客につながっていません。こういう場合は、「ランチ」をキーワードに時間帯をずらしてみましょう。意外な言葉の響きが印象に残るようになります。

- 朝のランチ
- 夜のランチ
- 真夜中のランチ

さらに発展させて、「365日24時間ランチの店」というキャッチコピーで営業するのもいいですね。

少なくとも、普通に「朝食」「ランチ」「ディナー」とメニューに並んでいるより、どの時間帯に行ってもオトクな感じがして、インパクトがあるのではないでしょうか。

このように聞き慣れたありきたりな言葉でも、それとは普通合わない言葉を組み合わせてみましょう。心に刺さるコピーが生まれてくるかもしれません。

hint 58

マジックワードを使う

ある特定の言葉を使うと、「多くの人の興味を引く」「売れやすくなる」というマジックワードがあります。しかしその反面、マジックワードの使い方によっては、安っぽくなる可能性もあります。とくに、タイトルに比べ内容がともなっていないと、あとから厳しい批判の対象になることもあるので、注意しましょう。

ビジネス書や実用書などのタイトルに、とてもよく使われるマジックワードがあります。ここではその五大マジックワードをご紹介します。いずれもネット書店のamazon.co.jpで検索すると、軽く1000件以上ヒットするタイトルです。

1 人生を変える（人生が変わる）

見本▶

- 『人生を変える80対20の法則』※147
- 『人生を変える！夢の設計図の描き方』※148
- 『人生を変える「決断」の力』※149
- 『行動科学で人生を変える』※150
- 『人生を変える朝活！』※151
- 『今すぐ人生を変える簡単な6つの方法』※152
- 『たった1分で人生が変わる 片づけの習慣』※153
- 『人生が変わる感謝のメッセージ』※154
- 『人生が変わる！「夢・実現力」』※155　他多数

2 運命を変える（運命が変わる）

見本▶

- 『運命を変える技術』※156
- 『運命を変える本物の言葉』※157
- 『「思考」が運命を変える』※158
- 『運命を変える50の小さな習慣』※159
- 『運命が変わる漢方体操』※160
- 『読むだけで運命が変わる入試現代文の法則』※161
- 『人生たった2%で運命が変わる』※162　他多数

3 ○○だけ××（※ hint25でも触れました）

見本▶

- 『巻くだけダイエット』
- 『貼るだけダイエット』
- 『寝るだけダイエット』
- 『記録するだけダイエット』※163
- 『読むだけ小論文』※164
- 『読むだけで絶対やめられる禁煙セラピー』※165　他多数

4 魔法

見本▶

- 『頭がよくなる魔法の速習法』※166
- 『2週間で一生が変わる魔法の言葉』※167
- 『小学生のための読解力をつける魔法の本棚』※168
- 『営業の魔法』※169
- 『子どもが育つ魔法の言葉』※170
- 『凡人が最強営業マンに変わる魔法のセールストーク』※171
- 『愛されてお金持ちになる魔法の言葉』※172　他多数

5 奇跡

見本▶
- 『奇跡のリンゴ』※173
- 『奇跡が起こる半日断食』※174
- 『人生に奇跡を起こすノート術』※175
- 『奇跡の居酒屋ノート』※176
- 『自分で奇跡を起こす方法』※177
- 『奇跡の経営』※178
- 『デザインが奇跡を起こす』※179　他多数

あなたの本棚にもきっと、このようなタイトルの本が何冊かあるのではないでしょうか。これほどまでに同じキーワードの入ったタイトルの本があるにもかかわらず、また同じ言葉を使った本が出てくるのにはわけがあります。

それは、マジックワードがあることで、売れる可能性が高くなるからです。読者は、「簡単に人生や運命を変えるような魔法や奇跡」を手に入れたいのです（しかも千数百円という値段で！）。

これ以外にも、「秘訣」「裏技」「秘密」「簡単」「お手軽」なども マジックワードと呼んでいいでしょう。

本のタイトルに限らず、マジックワードは、「雑誌の見出し」「メルマガやブログのタイトル」など、幅広く使えます。ただし、冒頭でも注意した通り、これらの言葉を使うことで、安っぽくなったり、うさんくさくなったりすることも否めません。それゆえ、大企業が実施するマス広告のコピーなどでは、逆にNGワードの典型ともいえます。

hint 59 ［ふだん使わないような言葉をわざと使う］

ふだんあまり使わない言葉が使われていると、「何だろう？」と思って興味をそそられます。

女性誌などの見出しでは、読者が興味のある話題に、ふだん使わないような硬い言葉や古い言葉を組み合わせるという手法がよく使われます。その違和感によって、印象に残るフレーズになります。モード系の女性誌『SPUR』にあった見出しを見てみましょう。

普通▶ 2010 モデル界はこう変わる

⬇

見本▶ 2010「モデル維新」始まる ※180

「維新」という政治などで使う言葉と、「モデル」の組み合わせが新鮮ですね。

次は、毎号特集が目玉の女性誌『CREA』の映画特集号にあった見出しです。

普通▶ ○○に効く映画ベスト 10

⬇

見本▶ 映画 de 処方箋《しょほうせん》 ベスト 10 ※181

こちらも、「処方箋」という医学用語と、「映画」の組み合わせが効いています。次は、美容系女性誌『MAQUIA』の見出しです。

普通▶	今すぐ入ろう「脚やせ教室」
	⬇
見本▶	今すぐ入門！ 即効「脚やせ道場」※182

「道場」という古い言葉が逆に新鮮で、いかにも効きそうな気がしますよね。次は、働く40代向けの女性誌『STORY』にあった見出しからです。

普通▶	発表！ 10人のオシャレリーダー
	⬇
見本▶	発表！ 10人のオシャレ内閣 ※183

こちらも「オシャレ内閣」という表現がユニークです。この内閣には、総理大臣から、モテぽにょ大臣、カジュアル戦略局担当大臣など、いろいろな大臣が登場します。

いまや老舗女性誌と言える『LEE』の1982年創刊当時のキャンペーンのコピーを見てみましょう。

普通▶	女30、じぶんの中にどれだけの資源が眠っているか気づいていますか？
	⬇
見本▶	女30、じぶんの埋蔵量に気づいていますか

「埋蔵量」という言葉のおかげで、“**普通**”の例のような細かい説明をしなくても一気にニュアンスが理解できます。また、ふだん使わない言葉なので、心に残りやすくなります。

では、次のような言葉はどうでしょう？

普通▶ 私たちの危機管理について考えましょう

⬇

見本▶ 乙女のための危機管理委員会 ※184

普通▶ CREA は 働く母を応援します

⬇

見本▶ CREA 働く母委員会 本日設立です ※185

上からそれぞれ女性誌『SPUR』『CREA』にあった見出しです。

「委員会」という言葉は、ちょっと懐かしく古い言葉ですが、「みんなで一緒にやるぞ」という空気を共有できていいですよね

ちなみに30代女子向けの雑誌『InRed』（宝島社）では、「小泉今日子実行委員会」という人気連載があります。女優の小泉今日子さんが委員長となり、さまざまな趣味を持つ30代の女子とともに、いろいろなことを実行する企画です。2010年に単行本化されました。

hint 60

専門用語と定番の言葉を組み合わせる

hint57と少し似ていますが、限られた業界や専門分野でしか使われなかった言葉に、普通の言葉を組み合わせることで、斬新な印象になります。

以下は、専門用語を組み合わせた、ベストセラーのタイトルです。

見本▶

- 『レバレッジ時間術』※186
- 『IDEA HACKS!』※187
- 『アライアンス仕事術』※188

「レバレッジ」は金融用語。「HACKS」はIT用語。「アライアンス」は経営用語。そのような専門用語に「読書術」「仕事術」「アイデア」などビジネス書の定番フレーズを組み合わせると、新鮮な響きになります。思わず、「どんな内容だろう？」と興味を持ってしまいます。

あなたの働いている業界にも、きっと独特の専門用語があるはずです。それを定番の「仕事術」「読書術」「発想術」「ノート術」などに組み合わせると、新しいビジネススキルを生み出すことができるかもしれません。

雑誌でもこの手法を使って、興味を持たせようとしている見出しをよく見かけます。次は『anan』の見出しです。

見本▶｜実録「モテ・ロンダリング」報告 ※189

「ロンダリング」自体は「洗濯」などの意味ですが、普通は「マネーロンダリング」（資金洗浄）という意味の金融用語として使います。最近では、そこから派生して「学歴ロンダリング」という使い方もされています。

これは、そんな「ロンダリング」と「モテ」という定番の言葉を組み合わせることで、新鮮で興味の持てるフレーズになっています。

次は、雑誌『SPA!』の見出しです。

普通▶｜女の価値が下がっている

⬇

見本▶｜女のデフレ ※190

「デフレ」という言葉は、専門用語というほどのものではありませんが、「女」という定番の言葉と組み合わせることによって、興味を引く見出しになっています。

次も同じく『SPA!』の見出しです。

普通▶｜会社別合コン情報

⬇

見本▶｜合コン四季報 ※191

『会社四季報』は会社ごとの情報や業績をコンパクトにまとめたものです。それを「合コン」と組み合わせたところがミソです。

次は『AERA』の見出しです。

普通▶	夫婦間のやりとりを増やすことで円満に
	⬇
見本▶	夫婦間 BtoB 取引で円満 ※192

「BtoB」というのは、企業間取引のことですが、それを夫婦の間を表現する言葉で用いたところが面白いですね。

さて、この手法を応用してみましょう。たとえば、あなたが士業の資格を持って仕事をしているとします。弁護士、公認会計士、税理士、行政書士、司法書士、社会保険労務士、中小企業診断士、弁理士、何でもいいです。ここでは、「司法書士」を例にしましょう。

今の時代、資格を持っているからと言って、誰にでも仕事がくるわけではありません。そこで、他の司法書士との差別化を狙って肩書きを考えてみましょう。「司法書士」という定まった言葉に、専門用語を組み合わせてつくってみましょう。

普通▶	司法書士
	⬇
改善▶	・ハイブリッド司法書士
	・アライアンス司法書士
	・ファイナンシャル司法書士
	・コンプライアンス司法書士
	・ロジカルシンキング司法書士
	・ツイッター司法書士

このように、専門用語と組み合せることで、同じ「司法書士」でもカラーが出てきました。もちろん言うまでもありませんが、専門用語は何でもいいわけではありません。あなたが得意としている分野やスキルを言い表わしたものでないと、効果がありません。

このような肩書きが入っていると、名刺交換のときに、「これってどういう意味ですか？」と質問してもらえる可能性が高くなります。質問されれば、あなたはその意味を説明すればいいのです。

専門用語はあなたの得意なものと関連しているので、自然と自分の強みを語ることができるのです。

hint 61

合わない名詞と動詞を組み合わせる

普通は結合しない名詞と動詞を組み合わせることで、化学反応が起きて、面白いコピーができることがあります。

たとえば、あなたがビジネス雑誌の編集者だったとして、「仕事」というキーワードで何か新しい企画や見出しを考えなければならないとします。

「仕事」につく動詞は、普通に考えると「する」とか「覚える」ですよね。それをまったく別の、ふだんはありえない動詞と組み合わせることで、新しい響きのコピーになるのです。ひょっとしたら、そこから新しい企画が生まれるかもしれません。

普通▶
- 仕事をする
- 仕事を覚える

⬇

改善▶
- 仕事を読む
- 仕事を歩く
- 仕事をデザインする
- 仕事をねじ伏せる
- 仕事を食べる
- 仕事を遊ぶ
- 仕事を抱きしめる

「仕事」を「プレゼン」「営業」「企画書」「会話」など、より狭めたトピックに置き換えると、さらに組み合わせによる化学反応は大きくなるでしょう。もちろん、この手法は「仕事」以外の単語でも応用可能です。あなたが女性誌の編集者だとして、「恋」という単語に動詞を組み合わせてみましょう。

普通▶

- 恋をする
- 恋に落ちる

⬇

改善▶

- 恋をプレゼンする
- 恋を飲み干す
- 恋を編集する
- 恋を大掃除する
- 恋にブーイングする
- 恋に登る
- 恋に肩たたきする

このように、普通は組み合わない名詞と動詞を結合させると、意外性があるフレーズが生まれます。あなたも、ぜひいろいろな言葉で試してみてください。たとえば、名刺のキャッチフレーズに使っても面白いかもしれません。あなたが、営業マンだったとしたら、次のようになります。

普通▶ 入社５年目の営業マン　鈴木二郎

⬇

改善▶ 営業をデザインする男　鈴木二郎

hint 62 共通するものをまとめ直す

あなたが何かモノを売ろうとするときに、バラバラのままにして伝えるよりも、共通するものでまとめると、受け手の頭にスーッと入りやすくなります。そして、受け手に、「自分に関係がある」と思ってもらえる確率が高くなります。

週刊誌などの特集は、一見バラバラのような小ネタを集めて、ワイド特集としてまとめられることが多くあります。

見本▶
- **『週刊文春』**
  追求ワイド特集「人気者の化けの皮」※193
  芸能人親子のスキャンダル、宇宙飛行士の夫の逸話、有名ゴルファーがよく見るケータイブログ、ボクシング一家の記事
  ➡有名人の裏話的記事が並ぶ

見本▶
- **『週刊新潮』**
  ワイド特集「ルージュの戦士」※194
  政治家に転進しようとする女優の私生活、ビーチバレー界の噂話、元首相夫人のブログで紹介された詐欺師、政治家の噂話
  ➡女性を主人公にした記事が並ぶ

1つひとつの記事は、それぞれジャンルが異なるのですが、上記のように、見出しでまとめられていることで、何となく一体感があるように感じます。

たとえば、書店の棚で考えてみましょう。普通であれば、雑誌、小説、エッセイ、ノンフィクション、ビジネス、実用、専門、新書、文庫などのジャンルに分けられていると思います。ただし、これらの分類はあくまで売る側の論理に従ったものです。

お客さんの立場で考えると、ジャンルよりも、「今、自分が必要としている本や雑誌」を読みたいものです。そしてお客さんは、大抵の場合、自分が何を欲しているか、をわかっていないものです。

発信側から「こんなことを思っているんじゃないですか？」というふうに、お客さんが気づいていないニーズを提示してみるのはいかがでしょう。次のような例になります。

普通▶ 雑誌、小説、エッセイ、ノンフィクション、ビジネス、実用、専門、新書、文庫

⬇

改善▶
- 「人間関係で悩んでいるあなたへ」
- 「自分を変えたいあなたへ」
- 「できるビジネスマンになる」
- 「世の中の仕組みをもっと知りたいあなたへ」
- 「恋をしばらく休んでいるあなたへ」
- 「何か新しいことを始めたいあなたへ」

上記のような“**普通**”の既成のジャンルにとらわれず、“**改善**”

のように、いろいろな本を集めた棚にするとどうでしょう。

たとえば、「できるビジネスマンになる」のコーナーであれば、ビジネス書だけでなく、古典の教養本やヒントが詰まっている小説や哲学書なども置くことができます。そうすれば、ふだんビジネス書しか読まないような人でも、他のジャンルの本を買ってくれるかもしれません。

このことは、スーパーなどの食料品店でも同様です。毎回、同じ棚の構成だとお客さんは飽き飽きしているかもしれません。そこで、「北海道特集」「おいしい醤油集めました」「今、旬の野菜はこれです！」「イタリア料理難しいと思っていませんか？」というように、週替わりや月替わりで、それに関連する食材を集めたコーナーをつくるというのはいかがでしょうか。

常に新しい情報を編集して提供することで、お客さんは自分のニーズに気づき、店に抱く印象は大きく変わってくることでしょう。

あなたの会社や仕事の中でも、バラバラになっているものをひとつにまとめて、違う名前をつけてみましょう。ひとつにまとめることで、何か新しい発見があるかもしれません。

hint 63

情報を体系化する

前項とも共通するところがありますが、いろいろな情報を体系化してまとめることで、受け手は理解しやすくなります。

体系化されたものは、「法則」「公式」「ルール」「方程式」「黄金律」「基本」など、いろいろな言葉で言い表わすことができます。

書店に行くと、上記のような言葉がタイトルについた本を数多く見つけることができるでしょう。ちなみに、本書もキャッチコピー力の「基本」を、77のヒントに体系化してまとめたものです。法則化してまとめることで、理解しやすいフォーマットになるのです。

あなたがやっている仕事や、会社の業務でも、「法則」や「公式」にまとめると、内容以上によく思ってもらいやすくなります。わざわざ言うようなことでなくても、あえて法則化、公式化してしまうのです。

たとえば、あなたが量販店の店長だったとして、店員たちに接客術を学んでもらうために小冊子を配るとします。そのときのタイトルについて考えてみましょう。

普通▶ お客様に買ってもらう接客とは

⬇

改善▶ お客様が思わず買いたくなる接客の法則
～この5カ条を覚えればあなたは売れる店員になる～

同じ小冊子でも、“**改善**”の例のほうが読んでみたくなるのではないでしょうか？　また発信する側も、体系化してまとめて書くことで、自分の考えを整理しやすくなるというメリットもあります。このテクニックは、企画書、プレゼンなどでも幅広く応用できます。

hint 64 物に「人」をプラスする

何か商品を売ろうとするとき、どうしてもその商品自体の性能や価値を知ってもらうようなコピーばかりを考えがちです。しかし、受け手にとっては、商品のスペックなんてまったく興味がない場合も少なくありません。そんなときには、その商品に「人」をプラスして考えてみましょう。

たとえば、あなたがビデオカメラを販売する立場にあるとします。どうしても、他社との性能の違いなどを表現したくなるでしょう。しかし、実は商品そのものよりも、「それを使うことによってどんないいことがあるのか」を伝えるほうが、受け手の心を動かすことが多くあります。実際の例で見てみましょう。

2009年ソニーはビデオカメラのハンディカムの宣伝で、自社サイトに『Cam with me』と題したプロモーションムービーを流し、話題になりました。

見本▶ 「なにげない毎日を、かけがえのない思い出に」（娘が生まれてから結婚するまでを疑似体験するムービー）

製品自体のスペックは何も語っていなくても、商品に人をプラスすることで、「やっぱりビデオカメラが欲しいかも」という気持ちになってきます。

ジャパネットたかたの高田明社長も、テレビで商品の説明をするとき、「買った人がどう使っているか」という使用するシーンを必ず入れています。商品自体のスペックよりも、「その商品を使うことでどんな未来が待っているか」を語ることのほうが、はるかに効果があるのです。

東京都国立市に本店がある「農家の台所」という野菜レストランは、店に入ると選挙ポスターふうに生産者の顔写真が貼ってあります。これなども、野菜という商品に人間をプラスすることで、価値を高めているのです。味や製法も肝心ですが、「こんな思いを持った人がつくった野菜なら安心できる」と思う人は多いはずです。

これは何も農作物に限ったことではありません。あなたの仕事にも応用できます。

たとえば、あなたが自社製品のチラシをつくるとします。そのとき、その製品にかかわった「製造責任者」や「開発担当者」の顔を出し、苦労話や秘話などを語ってもらうのです。

第９章で述べる「ストーリー」という手法でもありますが、「人」がプラスされていることで、受け手に興味を持ってもらえる可能性が高くなります。

大した秘話がなくても大丈夫です。そこに「人」がいるだけで、ドラマが生まれるのです。商品やサービスを訴求することで行き詰まったら、そこに「人」をプラスしてみましょう。

hint 65

物に「今」をプラスする

気になった商品があったとしても、大抵の場合は「まあ、あとでいいや」と思うものです。受け手に行動をしてもらうためには、「今」という情報をプラスする必要があります。

『マスコミ電話帳』※195 というマスコミ業界の人や企業の連絡先が載っている書籍があります。これは毎年改訂されて発売されています。マスコミ業界で、もちろん毎年買い換えている人もいるでしょうが、何年間はそのままでもいいかと思う人も多いはずです。2010年版のPOPには、そのような気持ちを的確にとらえた、“**見本**”にあるコピーが書かれていました。

普通▶ そろそろ買い換えませんか？

⬇

見本▶ 買い換えどきは、今年です

何年も買ってなかった人も、このコピーを見て、そろそろ買い換えようかなと思った人が数多くいることでしょう。

では、今を感じさせるフレーズを巧みに用いた雑誌の例を見てみましょう。

普通▶ これでカンペキ！ 花粉症対策

⬇

見本▶ これでカンペキ！ 花粉症対策 2010 ※196

これは、働く女性向けの雑誌『日経 WOMAN』にあった見出しです。年度をつけ加えただけでも、2010 年度ならではの何か新しい情報があるように思える見出しになっています。

次の例も、ちょっとしたひと言を加えただけですが、つい買ってしまいたくなります。

普通▶ 「売れる原因別」マーケティング理論が悩み解決！

⬇

見本▶ 「売れる原因別」最新マーケティング理論が悩み解決！ ※197

これは『プレジデント』にあった見出しです。「最新」という言葉がついているだけですが、今までにない新しい情報が載っているような気がしてしまいます。

次の例も、ひと言あるだけで、効果が違ってきます。

普通▶ ツイッター案内

⬇

見本▶ ツイッター最終案内 ※198

これは『SPA!』の見出しです。「最終」とついているだけですが、ツイッターにまだ参加していない人にとっては、終電に乗り遅れたくないというのと同じ心理が働き、ついつい気になる見出しになっています。

他にも、「春」「梅雨」「夏」「秋」「冬」などの季節を表わす言葉や、「お正月」「節分」「雛《ひな》祭り」「ゴールデンウィーク」「母の日」「父の日」「七夕」「夏休み」「敬老の日」「読書の秋」「クリスマス」など、年中行事の「今」を物と組み合わせるという方法もあります。

たとえば、あなたが自社商品の広報担当者だとします。広報担当者は、テレビ、新聞、雑誌、ラジオなどのメディアに、プレスリリースを送り、取り上げてもらったり記事にしてもらったりすることが大きな仕事です。

その場合、商品に「今」という情報をつけ加えるということは、とても重要になってきます。

「季節ごとに決まった行事」と「自社商品」との「面白い組み合わせ」を常に考えておきましょう。そして行事の1カ月くらい前には（月刊誌であれば2～3カ月前に）、リリースが先方に届くようにしておかなければなりません。

また、レギュラーで決まっている行事だけでなく、「大きなスポーツイベント、選挙、法律改正などのニュース」や「そのときの流行商品やサービス」を、いかに自社商品と結びつけるかも考えておきましょう。そして、その組み合わせをタイトルにしたプレスリリースを送るように心がけましょう。

そうすることで、取り上げられたり、記事になったりする確率は、大きく上昇するでしょう。

hint 66

とにかくひとつのキーワードで押し切る

ひとつのキーワードを中心に言葉を組み合わせることで、受け手に与える印象は強くなります。

10代の女の子向けのファッション誌『Popteen』は、とにかく「盛《も》り」というキーワードで、この出版不況のなか、部数を伸ばしています。特集の見出しには、「盛り」のオンパレードです。

見本▶

- 萌えと盛りで世界を制覇！ 50万部突入号 ※199
- 春の安盛りファッション大運動会！ ※199
- この春、頭盛りが可愛い ※200
- 初心者でも絶対盛れる！　はじめてのメイクBOOK ※200
- 読者1000人の「神盛りコスメ」パレード！ ※201
- 新春アゲ盛り！「春をかなえる」メイクスペシャル ※202
- 気になる読モの「盛りプロフ」MAX！ ※203

「盛り」というのは、化粧を濃くしたり、髪形・まゆ毛などを普通よりボリュームアップしたりすることです。しかし上記の例を見てもわかるように、今やそんな定義だけでは追いつきません。とにかく徹底してひとつのキーワードにこだわって、言葉を組み合わせることで、雑誌自体にパワーが生まれています。

本でも、共通したキーワードをタイトルにすべて入れている著者は、やはり印象が強くなります。

hint 67 ［権威・有名人・専門家の力を借りる］

人は権威・有名人・肩書きなどに弱いものです。このことは、心理学的にも「ハロー（後光）効果」と呼ばれ実証されています。

人間が権威にいかに弱いかは、さまざまな研究者によって実証されています。社会心理学者、スタンレー・ミルグラムの実験（※「コラム７」参照）など衝撃的なものもあります。

１人の人間を「彼は物理学者だ」と紹介したのと、「彼は郵便局員だ」と紹介したのとでは、紹介された人が同じ意見を言っても信じる割合は何倍も変わってしまう、という実験結果もあります。人は語っている内容よりも、誰が語っているかを重要視するのです。

広告などでも、医者や歯医者がいろいろな商品を推奨しているのをよく見かけます。これなども権威を利用している一例です。「モンドセレクション金賞」や「宮内庁御用達」なども、お墨つきという権威の力を借りています。

調査結果などでも、「○○大学調べ」「××研究所調べ」なんて書いてあると、多くの人間は何となく信用してしまうものです。

では、権威や有名人の力を借りられない場合はどうすればいいでしょうか。それは専門家を仕立て上げ、権威にしてしまうのです。

たとえば、酒屋の日本酒についているPOPで考えてみましょう。

普通▶	店長オススメ！
	⬇
改善▶	酒屋ひとすじ18年の頑固店長が本気でオススメ！

“**改善**”のほうがおいしそうに思えますよね。これは店長がこの道18年という専門性によって、ある種の権威になっているのです。

経験の年数だけが専門性ではありません。たとえば、レンタルビデオ店にある映画のPOPを考えてみましょう。

普通▶	店長オススメ！
	⬇
改善▶	年間500本の映画を観るバイトの山口が、今年一番泣いたオススメの1本です。

これも“**改善**”のほうが観たくなりますよね。これはたとえバイト君であっても、年間500本映画を観るということで専門性を獲得し、権威といえる存在になっているからです。

厳密に考えると、酒屋ひとすじ18年だからといって、酒を目利きする力があるかどうかわからないし、年間500本の映画を観ていようと彼の勧める映画がすばらしいかどうかはわかりません。しかし、権威に弱い人間は、自分よりも専門家が勧めていると思うと、無意識のうちにスゴイと思ってしまうものです。

あなたが商品を販売するチラシを制作するときにも、ぜひこのテクニックを使ってみましょう。

hint 68

利用者に語ってもらう

企業・お店・個人にかかわらず、情報発信者からの発言を、受け手はあまり信用していません。「どうせ自分に都合のいい情報しか流さないだろう」と思っているからです。それに比べると、同じ立場の利用者の声は信用されやすくなります。

ショップで服を選んでいるときに、店員から「これ、僕も買ったんですよ」なんて言われたことが決め手になり、その商品を買ってしまったという経験はありませんか？

これは、店員が「売り手という立ち位置」から、「同じ消費者仲間であるという立ち位置」に変わったことによって起こる現象です。「よく商品を知っている彼が買ったくらいだから、その商品もいいんだろう」と思ってしまうのです（もちろん、その店員が本当に買っている場合もあるでしょうが、このセリフを誰にでも言っている可能性も否定できません）。

夜中にテレビでやっている、健康器具などの通信販売の番組も同様です。必ずと言っていいほど、使った人の感想が語られています。視聴者は発信側の情報より、利用者の声を信用するからです。

アメリカ広告界の巨人と呼ばれ、世界的な広告代理店オグルヴィ＆メイザーの創始者であるデイヴィッド・オグルヴィも、次のように述べています。

「コピーには常に推薦文をつけておくべきだ。読者には、匿名《とくめい》の

コピーライターの大絶賛よりも、自分と同じ消費者仲間からの推薦の方が受け入れやすい」（『ある広告人の告白』）※204

たとえば、あなたがかかわっている商品の宣伝用のチラシをつくる場合を例に考えてみましょう。

どんなに気持ちをつかむキャッチコピーを書いても、美辞麗句を並べても、受け手は広告を無条件に信じようとはしてくれません。そこで、受け手と同じような利用者の声を掲載してみましょう。そうすることで、信用を得る可能性は高くなります。

ただし、利用者の声を使用する際に、注意すべきことがあります。利用者の声がよく載っているのは、どちらかというといかがわしいと思われている商品が多いのも事実です。いかがわしい商品ほど、利用者は大げさに効用をうたったりしているのも事実です。

それゆえ、あまりに発信側の情報を絶賛した声ばかりでは信用されません。ここがポイントです。マイナス面も含め、正直な声を紹介したほうが結果的には信用してもらえます。利用者の声を使用する際には、そのあたりにも注意しましょう。

hint 69

意表をついてドキッとさせる

映画や小説などでもそうですが、面白いストーリーは、受け手の意表をつくものです。キャッチコピーでもそれは同じです。たとえ短い文章であっても、途中まで読んだことから予想される展開と異なると、人は意表をつかれ興味を覚えます。

2000年にヒットした映画『バトル・ロワイヤル』のキャッチフレーズを見てみましょう。

見本▶ 本日の授業、殺し合い。

「本日の授業」の次に、「殺し合い」と続き、意表をつかれます。

次に、1990年に制作されたアメリカ映画の邦題を見てみましょう。原題は『I Love You to Death（直訳：死ぬほど愛している）』です。

普通▶ 死ぬほど愛してる

⬇

見本▶ 殺したいほどアイ・ラブ・ユー

こちらも「殺したいほど」のあとに、「アイ・ラブ・ユー」と続くのが意表をついていて、秀逸な邦題です。

次は、宇宙人トミー・リー・ジョーンズが地球を調査する、サントリーの缶コーヒーBOSSのCMのキャッチコピーです。

見本▶	**このろくでもない、すばらしき世界**

「ろくでもない」のあとに、「すばらしき」がくることで意表をつかれると同時に、世の中には「ろくでもなさ」と「すばらしさ」が混在しているというところも、まさに言い得て妙という納得感のあるコピーです。

次は1982年の日本経済新聞社のキャッチコピーです。

普通▶	**学校を出ても勉強しよう。**
	⬇
見本▶	**諸君。学校出たら、勉強しよう。**

本来勉強するところであるはずの学校。そこを出たら勉強しようという逆説的な言い方が意表をついていました。多くの大学生が勉強していないという事実も踏まえ、真理もついています。

1998年宝島社の新聞広告のキャッチコピーは、インパクトがありました。これも意表をつくことで、センセーショナルなインパクトを与えたコピーです。

見本▶	**おじいちゃんにも、セックスを。**

一般紙の広告に「セックス」というカタカナが載ったのは、これが初めてでした（それまでは“SEX”という英語の表記しか認められていませんでした）。ちなみに、この広告のモデルは詩人の田村隆一さんです。ガンで亡くなる9カ月前に、入院先の近くの病院で撮影されました。写真は荒木経惟さん、コピーライターは前田知巳さんです。とても印象に残るコピーになっています。

COLUMN 7

ミルグラムのアイヒマン実験

hint67で取り上げた社会心理学者スタンレー・ミルグラムの実験※205は、一般的には「アイヒマン実験」と呼ばれています。この実験は、人間がいかに権力や権威に弱いかを如実に表わすデータとして、衝撃を与えました。

ミルグラムはまず、新聞で普通のアメリカ市民を被験者として集めます。「記憶に及ぼす罰の効果」を調べる実験をするという名目です。くじ引きで生徒役と先生役を決め、隣同士の部屋に分かれて実験は開始されました。このとき、本当の被験者は先生役になり、実験協力者（サクラ）が生徒役になるように仕組まれていました。

隣室にいる人間が問題に間違うと、先生役の被験者はミルグラムから電気ショックの罰を与えるように命じられます。間違えば間違うほど、電圧は高くなっていきます。隣の部屋では、生徒役の人間が、電気ショックを与えられ、うめき声を出したりして苦しんでいます（もちろん本当に電気は流れておらず、すべて演技です）。

ほとんどの被験者はここで「もうやめたい」と言います。しかし、ミルグラムは「実験なので続けてください」と命令します。すると、何と65%の被験者が、命の危険があるとあらかじめ言われていた最高電圧まで目盛りを上げたのです。ただの大学の研究室で、本当に拒否しようとすれば簡単にできる状況にもかかわらずです。このように「人間がいかに権威に弱い生き物か」ということは、われわれ人類全員がよく自覚しておく必要があります。

第8章

「造語力」を身につける

hint 70

短縮してみる

縮めることで、別のニュアンスが出て、新しい言葉になることがあります。

数年前から言われ始め、2010年現在、すっかり定着した感のある「アラサー」「婚活」「イケメン」などといった造語は、すべて元の言葉を短縮したものです。

30歳前後の女性を指す「アラサー」は、Around30（アラウンド・サーティー）の略です。2005年11月に創刊した女性誌『GISELe』が使い始めたのが始まりだと言われています。

「婚活」は、結婚するためにいろいろな行動をする「結婚活動」の略です。就職活動（就活）に見立て、社会学者の山田昌弘さんが用いたのが始まりだと言われています。

「イケメン」は、顔が美形な男子に用いる言葉で、「イケてるメンズ」もしくは「イケてる面」の略。1999年、ギャル系女性誌『egg』で使われたのがルーツだと言われています。

こういった流行語になるような造語を発明するのは、すぐにできないかもしれません。まず、簡単なものからつくってみましょう。秘訣は、足したものを縮めることです。

たとえば、居酒屋のメニューで「うまい」を表現したいとき、同じ言葉では退屈しますよね。そこで、「うまい」に、「味」や「食感」などの形容詞を足して、それを短縮することで「うまい」の種類を表現してみるのです。

普通▶ うまい

⬇

改善▶
- からうま
- バリうま
- ちょいうま
- 盛りうま
- ふわうま
- しこうま
- つるうま

それぞれどんな料理のときのニュアンスかは、感覚的にわかりますよね。

次に食感をバラエティ豊かに表現してみましょう。同じ「ふわ」っとした食感でも、次のように印象が変わってきます。

普通▶ ふわっとした

⬇

改善▶
- とろふわ（とろっ＋ふわっ）
- もちふわ（もっちり＋ふわっ）
- かりふわ（カリッ＋ふわっ）
- さらふわ（サラッ＋ふわっ）

以上のように、いろいろな表現ができることがわかります。

また、洋服や雑貨などが「カワイイ」ことを表現したいときも同様に表現を工夫してみましょう。

普通▶	カワイイ
	⬇
改善▶	• ナチュかわ（ナチュラルでカワイイ） • ラブかわ（ラブリーでカワイイ） • ユルカワ（ゆったりカワイイ） • エロかわ（エロティックでカワイイ） • ふわカワ（ふわふわカワイイ） • 激カワ（メチャメチャカワイイ） • フニャかわ（ふにゃふにゃカワイイ） • セクカワ（セクシーでカワイイ） • 盛りカワ（盛ってカワイイ）

ネーミングでは、この短縮するという手法は、とてもよく使われます。現在では、普通は名詞のように使っている言葉も、元は短縮系であることがよくあります。

「パソコン」は「パーソナル・コンピュータ」、「エアコン」は「エアー・コンディショナー」といった具合です。コーヒーチェーンの「スターバックス」なども、日常会話では「スタバ」と略されることのほうが多いのではないでしょうか。

今ある商品名やサービス名を短縮するだけでも、新しいネーミングができます。また、長い商品名になる場合は、あらかじめ省略したときの語呂のよさも考慮に入れるといいでしょう。

hint 71

組み合わせて造語をつくる

hint57と少し重なりますが、言葉は組み合わせることで化学反応を起こし、新しく魅力のある造語が生まれます。

2009年の流行語になった「こども店長」。この言葉は、トヨタのCMから生まれました。「こども」と「店長」というありえない組み合わせが、印象深い造語になりました。

同じく2009年の流行語「家電芸人」も、「芸人」が「家電」に詳しいという結びつきにくい組み合わせで、人気を呼びました。

かなり古いですか、JR東海が仕掛けた「シンデレラエクスプレス」（日曜日夜の最終新幹線のこと）や、俵万智さんの歌集『サラダ記念日』などもこのパターンです。

『太陽の塔』『夜は短し歩けよ乙女』『四畳半神話大系』といった作品で話題の小説家・森見登見彦さんは、この組み合わせの造語の名人でもあります。その一例を見てみましょう。

見本▶
- おともだちパンチ＝おともだち＋パンチ ※126
- ロマンチック・エンジン＝ロマンチック＋エンジン ※126

また、歌手・椎名林檎さんのアルバムやＤＶＤも、そのタイトルが異質な言葉の組み合わせによって、強い印象を与えています。

見本▶
- 『無罪モラトリアム』＝無罪＋モラトリアム
- 『勝訴ストリップ』＝勝訴＋ストリップ
- 『下克上エクスタシー』＝下克上＋エクスタシー

いずれも、意外な組み合わせで、印象に残りますよね。それぞれの言葉が、交わりにくい組み合わせであることがキモです。

あなたも、自分の売りたいサービス名と、交わりにくい言葉を組み合わせてみてください。他にはない、ユニークな造語が生まれるかもしれません。

この異質な言葉を組み合わせるという手法は、ネーミングでも威力を発揮します。たとえば、あなたが営業マンだとしたら、異質な言葉を組み合わせて自らの営業法に名前をつけてみてはどうでしょうか。たとえば以下のように。

▶
- スッポン営業（＝一度つかんだら離さない営業）
- バイキング営業（＝向こうから商品を取りに来てくれる営業）
- ヒーリング営業（＝ガツガツしないで癒すような営業）
- 王様営業（＝王様のように向こうからひれ伏してくれる営業）
- ヒットアンドアウェー営業（＝適度な距離を保ちながら誘っては離れて、向こうから来るのを待つ営業）

こうやって名づけると、営業スタイルのイメージがはっきりしてきます。

hint 72 語呂合わせで造語をつくる

語呂合わせも新しい言葉をつくる際に、効果的な手法です。

若手ビジネスパーソン向けの雑誌『日経ビジネスアソシエ』にあった"**見本**"の見出しは、造語をうまく使った好例です。

普通▶ さらば電車通勤
自転車通勤する人が急増中

⬇

見本▶ さらば"痛勤"！
急増する自転車ツーキニスト ※206

「通勤」を「痛勤」と置き換えることで、ラッシュの大変さを表現し、「自転車ツーキニスト」という語呂合わせ的な造語でさらに印象を強くしています。

「通勤」「痛勤」など、音を同じにして漢字を変えるというテクニックも、スポーツ新聞などでよく使われますね。次のような例も見たことがあるのではないでしょうか。

見本▶
- 連勝 ➡ 連笑
- 進撃 ➡ 神撃
- 勝利呼ぶ一打 ➡ 勝利呼ん打

また、最近、中高生などを中心に「親友」という言葉を、同じ音でいろいろな漢字で表わすことが流行しています（「親友」自体の意味合いも変わってきています）。

見本▶
- 新友　（＝できたばかりの友だち）
- 信友　（＝信じ合える友だち）
- 心友　（＝心から信頼できる友だち）
- 真友　（＝真の友だち）
- 神友　（＝言葉にしなくてもわかりあえるくらいの友だち）

他にも「寝友」「伸友」「清友」「慎友」「辛友」など、いくらでもつくれそうですね（それぞれの意味を考えること自体も、面白そうです）。ちなみに、中高生の間では、本来の「親友」は、「ちょっと親しい友だち」くらいのことを指すらしいです。

今まで見てきた例でもわかるように、音が同じである漢字の部分を変えると、微妙に意味を変化させることができます。このテクニックを仕事で応用してみましょう。たとえば、あなたの会社のセクション名を変えてみるとどうなるでしょう。営業部の漢字を変えて表現してみます。

普通▶ 営業部

⬇

改善▶
- 栄業部　（＝得意先または自社を栄えさせる業務）
- 永業部　（＝得意先と永い関係になる業務）
- 鋭業部　（＝精鋭ばかりが集まっている営業部隊）
- 影業部　（＝影となりサポートする役割の営業部隊）

どのエイ業部も、「営業部」に比べるとフレッシュな感じがしませんか？　また所属部員たちも、自分たちの役割をしっかりと認識する、という効果も生まれそうです。

名刺にこういった名前のセクションが入っていると、得意先やお客さんからつっ込んでもらいやすいので会話もはずむというメリットもあります。他のセクションでも、このような造語をつくってみると面白そうですね。

漢字を変える以外の、「語呂合わせ造語法」も見ておきましょう。たとえば、慣用句の一部を変えることで、新しい意味の造語が生まれることがあります。

普通▶ 頭でっかち

⬇

見本▶ 心でっかち

これは、本のタイトル（『心でっかちな日本人』※207）にもなりました。「心でっかち」とは、「頭でっかち」と対をなす言葉で、「精神的なものがすべてを解決する」という考え方を表わしています。

四文字熟語の一部を変えて（音も）、新しい意味の四文字熟語をつくるという手法もあります。

普通▶ 文武両道

⬇

見本▶ 文武両脳 ※208

「文武両脳」は、教育雑誌『edu』が提唱している造語です。勉強もスポーツもできる脳にする習慣という意味です。

このように語呂合わせ的な造語のつくり方にはいろいろあり、うまくはまれば、記憶に残るフレーズになります。

hint 73

頭文字をつなげて興味を持たせる

従来の社名を変更し、頭文字をつなげて社名にした企業は数多くあります。たとえば、日本電信電話株式会社→ＮＴＴ〈Nippon Telegraph and Telephone Corporation〉、ＪＲ〈Japan Railways〉、東京放送→ＴＢＳテレビ〈Tokyo Broadcasting System Television,Inc.〉などがそうです。

そのほうが「覚えてもらいやすくなる」ことが大きな理由でしょう。同じように頭文字をつなげて、法則のように扱ったり造語をつくったりすると、記憶に残りやすくなります。

まずは、英語の頭文字をつなげた例です。

見本▶ | ３Ｒ節約術

これは、消費者が生活防衛策として駆使し始めた節約術のことで、不況が深刻化してきた現在、よく使われるようになってきています。３Ｒとは、「リペア（修理）」「リユース（再利用）」「レンタル（賃貸）」のことです。

元々、環境問題で３Ｒ「リデュース（減量）」「リユース（再利用）」「リサイクル（再資源化）」という使い方がされていたので、そこからの連想でしょう。

次はみなさんもよく知っている言葉です。

見本▶｜ＩＤ野球

これは野村克也さんが、1990年ヤクルトの監督に就任した際に掲げたスローガンです。IDとは、「Important Data」の略で、経験や勘にとらわれず、データをもとに科学的にチームを動かすことを指します。この言葉は、野村さんの代名詞になっていますが、「ID野球」という造語がなければ、ここまで浸透しなかったでしょう。

次は、警視庁が子供犯罪に対する注意を呼びかけた標語です。

見本▶｜いかのおすし

注意を引くかもしれませんが、これだけだと何のことを言っているのかわかりませんよね。「いかのおすし」は以下の略です。

▶
- いか…知らない人について**いか**ない
- の…他人の車に**の**らない
- お…**お**おごえを出す
- す…**す**ぐ逃げる
- し…何かあったらすぐ**し**らせる

これは厳密には頭文字ではありませんが、何もアルファベットだけでなく、このように「ひらがなを略す」という手法もあります。

あなたの仕事や会社のサービスでも、このように頭文字をつなげて表現できるものを考えてみましょう。

hint 74

造語から造語をつくり 二匹目のどじょうを狙う

いざ、オリジナルの造語をつくろうとしても、新しい造語はなかなか思いつかないかもしれません。しかし、比較的、簡単につくることができる方法があります。流行の造語から、別の造語を連想するというものです。

流行した造語の二番煎《せん》じ三番煎じにもかかわらず、ヒットする言葉は少なくありません。このような二匹目のどじょうを狙う際に重要なのは、「音の響きが、元の造語に近いこと」です。

では、流行した造語から、新たにつくられた造語のパターンを見てみましょう。

原文▶ アラサー（30 代前後）

⬇

応用▶
- アラフォー（40 代前後）
- アラフィー or アラフィフ（50 代前後）
- アラカン（還暦を迎える 60 代前後）

原文▶ 婚活（結婚活動）

⬇

応用▶
- 離活（離婚活動）
- 朝活（就業前の活動）
- 休活（休日の活動）

・婚圧（結婚に対する周囲からのプレッシャー）

原文▶	イケメン
	⬇
応用▶	・乙男（オトメン、乙女チックな男性） ・イクメン（育児をする男性） ・イケダン（家事も育児もしっかりするイケてるダンナ）

原文▶	草食男子
	⬇
応用▶	・弁当男子（弁当を持参する男性） ・スイーツ男子（スイーツ好きな男性） ・装飾系男子（アクセサリーなどで過剰に着飾る男性）

原文▶	脳トレ（脳のトレーニング）
	⬇
応用▶	・腸トレ（腸のトレーニング。ヤクルトが提唱） ・顔トレ（顔のトレーニング）

“**原文**”のような画期的なフレーズを思いつくのは簡単ではないかもしれませんが、このように二匹目、三匹目のどじょう（新しい造語）を狙うのであれば、できそうな気がしますよね。

このテクニックをあなたが応用するには、次に流行しそうな言葉を聞いたらすぐに、そこに自分の商品やサービスをあてはめてみるトレーニングを重ねることです。それを繰り返していると、二匹目、三匹目のどじょうが手に入るかもしれません。

COLUMN 8

大《おお》宅《や》壮一《そういち》流「名言力」「造語力」

戦後日本のジャーナリストの草分け的な存在として知られる大宅壮一さんは、いろいろな名言や造語を残しています。しかし実はそれらも、何かしらの元ネタやヒントからつくられたものが、意外と少なくありません。

たとえば、大宅さんが本に書いたことで一気に広まった、「男の顔は履歴書である」という言葉にも元ネタがありました。

原文▶ 彼は顔が気に入らない。人間四十過ぎたら、自分の顔に責任を持つ必要がある。あいつの顔ではダメだ。

⬇

応用▶ 男の顔は履歴書である

“**原文**”は、アメリカの第16代大統領エイブラハム・リンカーンが言ったとされる有名なエピソードです。リンカーンはある閣僚候補を、顔が気に入らないという理由で却下しました。側近が「顔で判断するなんて」と抗議したら、大統領は「四十を過ぎたら自分の顔に責任を持たなくてはいけない」と答えたのです（このエピソードは、本当は別の人物の書いた言葉がリンカーンの逸話にすり変わったという説もあります）。

そのエピソードにヒントを得て、大宅さんは「男の顔は履歴書である」というフレーズを思いついたのです。

大宅さんは、他にも「ロコミ」「一億総白痴化」などの造語をつくったことでも有名です。

※ロコミ……………マスコミとの対比で思いついた造語。「口頭でのコミュニケーション」の略。
※一億総白痴化……テレビの低俗番組を批判した文脈で使われた言葉。のちに「一億総中流化」という造語からの造語が生まれた。

第9章

「ストーリー」を喚起させる

hint 75

ストーリーにして引きつける

ここで触れる「ストーリー」とは、簡単に説明すると、商品やそれにかかわった人にまつわるエピソードのことです。あなたの書く文章に「ストーリー」があると、受け手は感情を動かされます。

人は「ストーリー」が大好きな生き物です。太古の昔からストーリーを語り継いできました。ストーリーには、人の感情を動かし、記憶に残りやすくする力があります。コピーライティングにおいても、ストーリーがあると、ついついその言葉に引き込まれてしまいます。

「遊牧民」という英会話の教材を売る会社があります。その会社が新聞に出す広告コピーを見てみましょう。以下のような文から始まる長文です。

見本▶ 私が十九歳のとき、母は私にロサンゼルスへの航空券を買ってくれた。「アメリカでは働きながら大学へいけるそうです。がんばってきなさい」。四十八年前のことである。

このあと、主人公にはさまざまなドラマがあり、やがて結婚し、最終的には、英語が得意な夫が、英語が苦手な妻のために、試行錯誤で教材をつくっていくストーリーが展開されていきます。このコピーは、新聞一面に細かい字でびっしり書かれています。普通、広告のコピーは、読みやすくするために、「できるだけ文字を少なくする」というのがセオリーです。この広告はその真逆で、大変読みにくいレイアウトなのですが、ストーリーがあるので、ついつい最後まで読んでしまいます。定期的に同じ広告を打っているようなので、おそらくレスポンスの率も高いのだと思います。ストーリーには、受け手の心を引きつける、大きな力があるのです。

ここまで読んだあなたは、ひとつの疑問を感じているかもしれません。「でも、発信したい事柄をストーリーにするには、長い文章を書かなきゃいけないのでは？ この本はひと言で人の心をつかむ方法を教えるものじゃなかったのか？」と。

確かにストーリーの全貌を理解してもらうには、それなりの分量の文章が必要です。しかし、たとえひと言でも、ストーリーを意識させ、中身を読みたい見たいと思わせることは可能です。

hint10でも紹介した『ザ・コピーライティング』を著したジョン・ケープルズが、キャッチコピーだけでもストーリーが成立することを証明しています。彼がまだ駆け出しのコピーライターだった頃、のちに伝説とも呼ばれる有名なキャッチコピーを書きました。それは音楽学校の通信講座の広告でした。

見本▶	私がピアノの前に座るとみんなが笑いました。 でも弾き始めると……！

いかがでしょうか？ これだけの文章でもストーリーが目に浮かぶのではないでしょうか。実際、ケープルズが書いたこのコピーは、何十年も経った現在でもさまざまなところで言い方を変えて使われ

ています。あなたもきっと目にしたことがあるはずです。

たとえば英会話の教材であれば次のようになります。

▶	僕が電車で外国人に話しかけられたとき、まわりの友だちはニヤニヤして見ていました。でも僕が流暢に話し始めると、友だちの僕を見る目は尊敬のまなざしへと変わったのです。どこで僕の英語が上達したかと言うと……

これではあまりにそのままですが、「1人称で語りかけることでストーリーを喚起させる」という手法だけを残すと、いろいろな商品に応用できます。

同じ手法で健康器具のコピーを考えてみましょう。

普通▶	産後の体重の増加、あきらめていませんか？
	⬇
改善▶	赤ちゃんを産んだあと、体重は以前より10キロ増。もう元には戻らないとあきらめていました。ところが……

次は、リフォーム会社のコピーを例に考えてみましょう。

普通▶	ちょっとした水漏れは、危険のしるしです。
	⬇
改善▶	ちょっとした水漏れなんてたいしたことないと思っていました。それが1年後、私たち家族に恐ろしい悲劇をもたらすとは……

ストーリーは、書店のPOPでも使えます。

普通▶ 本気でオススメします

⬇

改善▶ 12年書店員をしてきましたが、こんなに心が震えた本に出会ったのは初めてです。私はこの本にめぐり合うために書店員をしてきたのかもしれません。

どうでしょうか？　ちょっと大げさなものもありますが、いずれもストーリーが目に浮かぶのではないでしょうか。

過去の状態を表わすだけでもストーリーになります。

▶ 5年前、私は公園でホームレス生活を送っていました。

たとえば、上記のコピーとともに、現在社長になっている人の写真があったら、読み手は勝手に「その間にどんなストーリーがあったんだろう？」と興味を持ってくれるのです。この手法は、チラシやセールスレターなどでも使えます。

ここまで見てきたものは、人を主人公にしたものでしたが、これを商品や会社などに置き換えてストーリーにすることもできます。

商品を主人公にする場合は、「商品開発ストーリー」「素材・製法に対するこだわり」「これだけは譲れないポリシー」「製品に活かされた最新技術」などをストーリーにするといいでしょう。

会社を主人公にする場合は、「会社の創業ストーリー」「ピンチのストーリー」「未来のビジョンのストーリー」などをストーリーにできます。たとえば、次のようになります。

普通▶	産地を厳選したこだわりの大豆を使用
	⬇
改善▶	「これだ！」という大豆に出会うまで、日本全国300軒以上の農家を尋ね歩きました。

こだわりの豆腐のコピーです。素材に対するこだわりをストーリーにしました。

普通▶	50年の歴史と伝統の味
	⬇
改善▶	「ええか。ケーキは、食べた瞬間、みんなが笑顔にならなあかん」。そんな亡き祖父の言い伝えを守って、50年愚直にケーキをつくり続けてきました。

老舗の洋菓子店のコピー。その歴史をストーリーにしました。いずれもWebサイトやチラシで使うと効果があります。

実は、今まで紹介したストーリーは、すべてある法則にあてはまるものばかりでした。ひと口にストーリーと言っても、この法則にのっとっていないと、あまり効果を発揮しません。その法則については、次のhint76をご覧ください。

hint 76

黄金律で心を動かす

ストーリーを取り入れる際には、「ストーリーの黄金律」を意識しましょう。黄金律でストーリーはさらに輝いてきます。

ストーリーの黄金律とは、「人類共通の感動のツボ」です。「また、このパターンか」とわかっていても、そこを押されるとついつい心を動かされてしまうポイントです。

具体的には、次の３つの要素が入っている状態です。

ストーリーの黄金律

①欠落した、もしくは欠落させられた主人公が
②遠く険しい目標に向かって
③いろいろな障害や葛藤、また敵対するものに立ち向かっていく

これはハリウッド映画、エンタテインメント系小説、スポーツ漫画など、多くのストーリーで採用されているものです。また、テレビでよく見るような人物や企業のドキュメンタリーも、多くはこの「黄金律のパターン」に沿ってつくられています。

たとえば、2000 ～ 2005 年まで NHK で放映されて人気を呼んだ『プロジェクト X ～挑戦者たち～』などはまさに黄金律のパターンの典型でした。以下、番組のタイトルをいくつかピックアップしますが、これだけでも黄金律にかなっていることがわかるでしょう。

見本▶

- 『窓際族が世界規格を作った～ VHS・執念の逆転劇～』
- 『友の死を越えて～青函トンネル・24 年の大工事～』
- 『海のかなたの甲子園～熱血教師たち・沖縄野球 涙の初勝利～』
- 『ロータリー 47 士の闘い～夢のエンジン・廃墟からの誕生～』
- 『厳冬黒四ダムに挑む～断崖絶壁の輸送作戦～』
- 『逆転 田舎工場、世界を制す～クォーツ・革命の腕時計～』

いずれも、何かが欠落した主人公たちが、遠く険しい目標に向かって、さまざまな障害や葛藤を乗り越えていくという黄金律によって、感動が生まれるのです。

このようにストーリーを作る際には、黄金律を意識しましょう。hint75 で例にあげたストーリーも、あらためて見るとすべて黄金律にかなっていることがわかるでしょう。

「ストーリーを使う」という手法は、プレゼンなどでも応用できます。その場合、主人公を誰にするかでストーリーは大きく変わってきます。

主人公の候補は「聞き手（得意先）」「生活者（消費者）」「提案者（あなたやその会社）」の 3 通りです。

「聞き手」を主人公にする場合は、問題を抱えている（欠落した）得意先が、遠く険しい目標に向かって、いろいろな障害を乗り越えていくストーリーを組み立てます。そのときに、自分たちの提案がいかに障害を乗り越えるのに役立つか、を示すのです。

次に「生活者」を主人公にする場合。得意先の商品やサービスに不満を抱えている（欠落した）生活者が、このプレゼン内容を実行することでいかに輝かしい未来を手に入れるかというストーリーを組み立てます。

最後に「提案者（あなた）」を主人公にする場合。これは、あなたやその会社のストーリーを語る、という手法です。

この場合は、必ずしも欠落した部分を強調する必要はありません。「自分たちはこのようなストーリーで成功を勝ち取ってきました」「他社の事例ではこんな大きな利益をもたらしました。だから御社にもこんな提案をさせていただきます」というストーリーを組み立てるのです。これは、あなたやその会社に十分な実績があった場合、とくに有効な手段です。

いずれにしても、ストーリーという形式を用いると、人の心を大きく動かすことができます。

hint 77 ストーリーの続きを読みたい、と思わせる

ストーリーが途中で終わっていると、受け手はその続きを知りたいと思ってしまいます。この心理効果を「ザイガニック効果（中断効果）」と呼びます。この心理効果を利用したコピーライティングのテクニックを紹介しましょう。

ザイガニック効果とは、「潜在意識には、答えを知らずに中断されたものを引き続いて探そうとする働きがある」ことをいいます。hint20の「好奇心をくすぐる」やhint28「クイズ形式にして問題を出す」も、ザイガニック効果を利用したものだと言えます。

ここでは、もう少し文脈のあるストーリー形式での、ザイガニック効果について説明します。とくに導入がストーリーの形になっていて、途中で終わってしまう場合、その効果は高くなります。

たとえば、外食産業の会社説明会のコピーを考えてみます。

> ▶ 「外食産業なんて絶対入りたくない」。そう言っていた学生たちが必ず入りたいと言うようになる伝説の会社説明会を実施します。どんな内容かを知ることができるのは、説明会に来た人だけです。

いかがでしょうか？　もちろん反発を覚えて無視する人もいるかもしれませんが、その説明会がどんな内容か興味を持ってしまっ

たのではないでしょうか。

次に、旅行代理店のWebサイトでのコピーで考えてみましょう。

▶ もう夏休みのプランは決めちゃった!?
だったらこれから先はもう読まないでください。
あなたを悔しがらせるだけですから

たとえあなたが、すでに夏休みのプランを決めてしまっていたとしても、いや決めていたら余計に、その内容が知りたくなるコピーではないでしょうか。

ザイガニック効果に限らず、人間の心理を利用したテクニックを用いると、受け手の心を動かす確率は高くなります。それゆえ、受け手側（消費者側）に立ったときには、簡単にそれに乗せられないように注意しましょう。とくに商品の購入に直接つながる場合には、「それが本当に必要なのか」「ライティングのテクニックに惑わされていないか」を、きちんと認識しておく必要があります。

そのためにも、自分自身も心理学的なライティングテクニックを知っておくのが一番です。この本の中で紹介した、自分が使うと効果がありそうだと感じたものには、受け手になったときにも引っかからないようにしましょう。

では最後に、ザイガニック効果を使って、この本を思わず買ってしまうようになるコピーを書いておきます（P232）。立ち読みしているあなたは、引っかかって買ってしまわないようにくれぐれも注意してくださいね（笑）。

78番目の禁断のテクニックとは？

今までの77のテクニックに加え、この本にはあえて書かなかった78番目の禁断のテクニックがあります。それは良識あるあなたは、読まないほうがいいものかもしれません。それでも読みたいあなた。安心してください。この本を買ってくださった方、全員に78番目のテクニックが書かれたURLをご案内します。

http://www.njg.co.jp/c/4734.html

おわりに

『キャッチコピー力の基本』を、最後まで読んでいただきありがとうございます。

今までコピーライティングに関する本というと、広告界のスタークリエイターの書いた本か、販促の現場で「とにかく売るための本」しかありませんでした。以前であれば、「キャッチコピー力」は専門家や販売の現場の人間だけが身につけておけばいいスキルだったからかもしれません。

しかし、ネット社会になり、ビジネスで文章を書く機会が飛躍的に増えたことで、事態は一変しました。ビジネスの現場では、1行でその成否が決まってしまうことも珍しくありません。今や、「キャッチコピー力」は、普通のビジネスパーソンにこそ、一番必要なスキルになったのです。それなのに、「普通のビジネスパーソン向けに、その1行をどう書けばいいかを解説する本」が見あたらない。それが本書を書く一番の動機になりました。

編集者の川上聡さん（同姓ですが、親戚ではありません）には、普通のビジネスパーソンの視点から草稿を読んでもらうことで、足りない部分を多々指摘してもらいました。それを改善していくことで、さらに多くの人に役立つ本になったのではないかと自画自賛しておきます。

また、本書ではビジネスパーソンに「キャッチコピー力」を高めてもらうという趣旨のもと、多くのコピーを“**見本**”として各種媒体から引用させていただきました。ご理解をいただいた関係者のみなさまに深く御礼申し上げます。ありがとうございました。

2010年7月　著者

参考文献および雑誌・書籍出典

◆hint01

※1 『気がつくと机がぐちゃぐちゃになっているあなたへ』（リズ・ダベンポート著／平石律子訳／草思社）

※2 『Order from Chaos』（Liz Davenport著／Three Rivers Press）

※3 「産まないかもしれない私」『AERA』（2009年12月7日号／朝日新聞出版）

◆hint03

※4 『傷はぜったい消毒するな』（夏井睦著／光文社）

※5 『千円札は拾うな。』（安田佳生著／サンマーク出版）

※6 『お客様は「えこひいき」しなさい！』（高田靖久著／中経出版）

※7 『営業マンは断ることを覚えなさい』（石原明著／明日香出版）

※8 『なぜ、オンリーワンを目指してはいけないのか？』（小宮一慶著／ディスカヴァー・トゥエンティワン）

※9 『非常識な成功法則』（神田昌典著／フォレスト出版）

※10 『さおだけ屋はなぜ潰れないのか?』（山田真哉著／光文社）

※11 『なぜ、エグゼクティブはゴルフをするのか?』（パコ・ムーロ著／坂東智子訳／ゴマブックス）

※12 『浜崎橋はなぜ渋滞するのか?』（清水草一監修／ニッポン放送取材班編／ニッポン放送）

※13 『なぜ、社長のベンツは4ドアなのか？』（小堺桂悦郎著／フォレスト出版）

※14 『なぜ宇宙人は地球に来ない?』（松尾貴史著／ＰＨＰ研究所）

※15 『ずるい⁉　なぜ欧米人は平気でルールを変えるのか』（青木高夫著／ディスカヴァー・トゥエンティワン）

◆COLUMN 1

※16 『The Man Nobody Knows』（Bruce Barton著／Buccaneer Books）

※17 『誰も知らない男 なぜイエスは世界一有名になったか』（ブルース・バートン著／小林保彦訳／日本経済新聞社）

◆hint04

※18 「言葉は習慣である」（『文章力の基本』阿部紘久著／日本実業出版社）

◆hint05

※19 『「いい人」をやめると楽になる』（曽野綾子著／祥伝社）

◆hint06

※20 『白い犬とワルツを』（テリー・ケイ著／兼武進訳／新潮社）

※21 『世界の中心で、愛を叫ぶ』（片山恭一著／小学館）

◆hint08

※22 「13億人の胃袋最前線をゆく」（『AERA』2010年2月15日号／朝日新聞出版）

◆hint09

※23 『「1秒！」で財務諸表を読む方法』（小宮一慶著／東洋経済新報社）

※24 『3秒でハッピーになる名言セラピー』（ひすいこたろう著／ディスカヴァー・トゥエンティワン）

※25 『一日7秒で腹は凹む』（蓮水カノン著／扶桑社）

※26 『15秒骨盤均整ダイエット』（松岡博子著／伊藤樹史監修／静山社）

※27 『最初の30秒で相手をつかむ雑談術』（梶原しげる著／日本実業出版社）

※28 『1分で大切なことを伝える技術』（齋藤孝著／PHP研究所）

※29 『3分でわかるロジカル・シンキングの基本』（大石哲之著／日本実業出版社）

※30 『誰とでも15分以上会話がとぎれない！話し方66のルール』（野口敏著／すばる舎）

※31 『1年の目標を20分で達成する仕事術』（林正孝著／大和書房）

※32 『「1日30分」を続けなさい！』（古市幸雄著／マガジンハウス）

※33 『60分間・企業ダントツ化プロジェクト』（神田昌典著／ダイヤモンド社）

※34 『1日1時間1か月でシングルになれる』（江連忠著／サンマーク出版）

※35 『90分でわかる会社のしくみ 』（八巻優悦著／かんき出版）

※36 『3時間で手に入れる最強の交渉術』（荘司雅彦著／ビジネス社）

◆hint10

※37 「大勢が入浴して濡れた足で踏まれたあともさらさらの感触」（『通販生活』Webサイト「さらさらバスマット」商品紹介ページより）

※38 「『長時間座りづめでも腰が疲れにくい』と、腰痛持ちの人たちから10年以上も支持され続けている座椅子」（『通販生活』Webサイト「楽座椅子」商品紹介ページより）

※39 『ザ・コピーライティング』（ジョン・ケープルズ著／神田昌典監修／齋藤慎子、依田卓巳訳／ダイヤモンド社）

◆hint11

※40 「スーツ姿も、メガネ顔も、チーム男子も…ぜんぶ好き！　胸キュン男子122files」（『anan』2010年4月7日号／マガジンハウス）

※41 「あっさり塩顔、U-165、ビルの窓拭き……　萌えポイント35を大発表!」（『anan』2010年4月7日号／マガジンハウス）

※42 「寝坊、泣いちゃった、急なデート…、困ったときの緊急メイク術大公開‼」（『anan』2010年2月24日号／マガジンハウス）

※43 「巻きおろし党♥ちらし党♥ボブ党♥ストレー党♥外ハネ党♥おくれげ残し党♥今の日本に

あるのはこの6党!!」(『小悪魔ageha』2010年11月号/インフォレスト)

◆hint12
※44 「この春夏は『ブーサン』が来る」(Webサイト・流行ランキングマガジンおよび有料メルマガ『トレンド・キャッチ!DX』2010年2月号)
※45 「夏までにポッコリお腹にさようなら!」(阿曽内牧温泉・ZENZOのWebサイト「宿泊プラン」の紹介ページより)
※46 『体温を上げると健康になる』(齋藤真嗣著/サンマーク出版)

◆hint13
※47 「私が一番ブーツ上手!」(『CLASSY』2009年10月号/光文社)
※48 「イケダンの隣に、私がいる!」(『VERY』2010年2月号/光文社)

◆hint14
※49 「アラサー女も加齢臭」(『AERA』2009年5月18日号/朝日新聞出版)
※50 「小学生の算数が危ない」(『プレジデントFamily』2010年6月号/プレジデント社)
※51 「マザコン息子、ファザコン娘を育てていませんか?」(『edu』2010年3月号/小学館)
※52 「【首都圏直下地震】冬の新宿18時、その時あなたは」(『週刊東洋経済』2010年1月16日号/東洋経済新報社)
※53 「無縁社会　おひとりさまの行く末」(『週刊ダイヤモンド』2010年4月3日号/ダイヤモンド社)
※54 「進化する変態企業　変われない会社は2年で滅ぶ」(『日経ビジネス』2010年2月8日号P20から転載/日経BP社)
※55 「銀行亡国　『再建』放棄が日本をつぶす」(『日経ビジネス』2009年12月14日号P26から転載/日経BP社)
※56 「『移民YES』1000万人の労働者不足がやってくる」(『日経ビジネス』2009年11月23日号P24から転載/日経BP社)

◆hint15
※57 『お金は銀行に預けるな』(勝間和代著/光文社)
※58 『大事なことはすべて記録しなさい』(鹿田尚樹著/ダイヤモンド社)
※59 『テレビは見てはいけない』(苫米地英人著/PHP研究所)
※60 『小さいことにくよくよするな!』(リチャード・カールソン著/小沢瑞穂訳/サンマーク出版)
※61 『現金は24日におろせ!』(小宮一慶著/ベストセラーズ)
※62 『スタバではグランデを買え!』(吉本佳生著/ダイヤモンド社)
※63 「人生を最高に旅せよ」(『超訳ニーチェの言葉』フリードリヒ・ニーチェ著/白取春彦編訳/ディスカヴァー・トゥエンティワン)

◆hint16
※64 「大迷惑![バブル世代上司]よ会社を去れ!」(『SPA!』2010年3月2日号/扶桑社)
※65 「妻の『出世』を喜べない」(『AERA』2009年12月21日号/朝日新聞出版)
※66 「夫より子のおちんちん」(『AERA』2010年3月29日号/朝日新聞出版)

◆hint17
※67 「かわいいは　正義!」(『苺ましまろ』/ばらスィー著/アスキー・メディアワークス)

◆COLUMN 2
『広告で見る江戸時代』(中田節子著/林美一監修/角川書店)
『江戸のコピーライター』(谷峰蔵著/岩崎美術社)
『広告五千年史』(天野祐吉著/新潮社)

◆hint18
※68 「なぜ、あなたの会社は『働きがい』がないか?」(『プレジデント』2010年5月3日号/プレジデント社)
※69 「『産めるのに産まない』は罪か」(『AERA』2009年12月7日号/朝日新聞出版)
※70 「“カレママに会う!”そのときあなたは…?」(『CanCam』2010年2月号/小学館)

◆hint22
※71 「春は『可愛い』だけじゃイヤッ!」(『JJ』2010年2月号/光文社)
※72 「手足が長い『モデルさん』じゃ参考にならない!! 自分と同じ身長のコの服がみたい」(『小悪魔ageha』2010年4月号/インフォレスト)
※72 「大事なお金は物欲を満たすために使いたいから　ダイエットは0円で♥」(『小悪魔ageha』2010年4月号/インフォレスト)
※73 「私たちの流行は会議や打ち合わせで生まれるんじゃない」(『小悪魔ageha』2009年7月号/インフォレスト)

◆hint23
※74 『ご飯を大盛りにするオバチャンの店は必ず繁盛する』(島田紳助著/幻冬舎)
※75 『「食い逃げされてもバイトは雇うな」なんて大間違い』(山田真哉著/光文社)
※76 『20代、お金と仕事について今こそ真剣に考えないとヤバイですよ!』(野瀬大樹、野瀬裕子著/クロスメディア・パブリッシング)
※77 『社長さん!銀行員の言うことをハイハイ聞いてたらあなたの会社、潰されますよ!』(篠崎啓嗣著/川北英貴監修/すばる舎)
※78 「今年も治る傷と治らない傷があって、
たくさん今を嘆いて、
1年を振り返ってもまた疲れるだけだけど、
毎年恒例の総決算やります♥
今年の大賞はみんな引いてたWライン♥
引くのと引かないとじゃ目の見開き具合が1.5倍強
違うことが判明した年でした♥」(『小悪魔

ageha』2010年１月号／インフォレスト）

◆hint24

※79 「35歳からの『友だち』のつくり方」（『SPA!』2010年3月9日号／扶桑社）

※80 「30代こそ黒パンダメーク　白パンダメーク」（『VERY』2010年2月号／光文社）

※81 「40代からの『ジャニーズ』のお作法」（『STORY』2009年12月号／光文社）

※82 『あたりまえだけどなかなかできない 25歳からのルール』（吉山勇樹著／明日香出版社）

※83 『28歳からのリアル』（人生戦略会議著／WAVE出版）

※84 『30歳からもう一度モテる! 大人の恋愛成功法則』（マーチン著／DHC）

※85 『35歳までに必ず身につけるべき10の習慣』（重茂達著／かんき出版）

※86 『40歳から伸びる人、40歳で止まる人』（川北義則著／PHP研究所）

※87 『50歳からの病気にならない生き方革命』（安保徹著／海竜社）

※88 『60歳からのシンプル満足生活』（三津田富左子著／三笠書房）

◆hint25

※89 『巻くだけダイエット』（山本千尋著／幻冬舎）

※90 『貼るだけダイエット』（野崎直哉著／WAVE出版）

※91『寝るだけダイエット』（福辻鋭記著／扶桑社）

◆hint29

※92 『だから片づかない。なのに時間がない。「だらしない自分」を変える７つのステップ』（マリリン・ポール著／堀千恵子訳／ダイヤモンド社）

◆hint30

※93 『思考の整理学』（外山滋比古著／筑摩書房）

◆hint31

※94 『影響力の武器』（ロバート・B・チャルディーニ著／社会行動研究会訳／誠信書房）

◆hint33

※95 「モテる、デキる、キレイになる！ 早起きブームを大検証。」（『anan』2010年1693号／マガジンハウス）

※96 「考える、泣ける、勉強になる！ 蒼井優が語る、読書の醍醐味。」（『anan』2010年1698号／マガジンハウス）

※97 「親切、ハンサム、ナイスバディ♥ イケメントレーナーに指導されたい!」（『anan』2010年1693号／マガジンハウス）

◆hint36

※98 『日本語逆引き辞典』（北原保雄編／大修館書店）

◆hint37

※99 『他人をほめる人、けなす人』（フランチェスコアルベローニ著／大久保昭男訳／草思社）

※100『話を聞かない男、地図が読めない女』（アラン・ピーズ、バーバラ・ピーズ著／藤井留美訳／主婦の友社）

※101『金持ち父さん貧乏父さん』（ロバート・キヨサキ、シャロン・レクター著／白根美保子訳／筑摩書房）

※102『嘘つき男と泣き虫女』（アラン・ピーズ、バーバラ・ピーズ著／藤井留美訳／主婦の友社）

※103『頭のいい人、悪い人の話し方』（樋口裕一著／PHP研究所）

※104「給料上がる人、下がる人」（『AERA』2010年3月22日号／朝日新聞出版）

※105「いる社員、いらない社員」（『プレジデント』2010年3月15日号／プレジデント社）

※106「子育てで美しくなる人、老ける人」（『edu』2010年5月号／小学館）

※107「『ナゴむハワイ』『アガるハワイ』ガイド」（『VERY』2010年1月号／光文社）

※108「『良妻ワンピース』『悪女ワンピース』で、なりきり"いい女"」（『STORY』2010年１月号／光文社）

※109「一流の読書術VS. 二流の読書術」（『THE21』2009年10月号／PHP研究所）

※110「『仕事が速い人』vs.『遅い人』　は、何が違うのか? 」（『THE21』2010年5月号／PHP研究所）

※111「『時間貧乏な人』vs.『時間リッチな人』の習慣」（『THE21』2009年9月号／PHP研究所）

※112「母としてのＳＥＸ　夫としてのＳＥＸ」（『AERA』2010年3月29日号／朝日新聞出版）

◆hint40

※113『赤と黒』（スタンダール著／桑原武夫、生島遼一訳／岩波書店）

※114『罪と罰』（ドストエフスキー著／江川卓訳／岩波書店）

※115『戦争と平和』（トルストイ著／藤沼貴訳／岩波書店）

※116『美女と野獣』（ボーモン夫人著／鈴木豊訳／角川書店）

※117『点と線』（松本清張著／新潮社）

※118「きれいはきたない。きたないはきれい」（『マクベス』シェイクスピア／福田恒存訳／新潮社）

◆hint41

※119『信長は本当に天才だったのか?』（工藤健策著／河出書房新社）

※120『投資銀行は本当に死んだのか』（尾崎弘之著／日本経済新聞出版社）

※121『談合は本当に悪いのか』（山崎裕司著／宝島社）

◆hint42

※122「立て、立つんだジョー」（『あしたのジョー』ちばてつや著／講談社）

◆hint44

※123「お前なぁ、このままやと2000%成功でけへんで」（『夢をかなえるゾウ』水野敬也著／飛鳥

新社）

◆hint50

※124『あひゞき,片恋,奇遇 他一篇』（ツルゲーネフ著／二葉亭四迷訳／岩波書店）

◆hint53

※125『花より男子』（神山葉子著／集英社）

※126『夜は短し歩けよ乙女』（森見登見彦著／角川書店）

◆hint54

※127「おまえのものはおれのもの。おれのものもおれのもの」（『ドラえもん』藤子・F・不二雄著／小学館）

※128「月は欠けているように見えても、本当は常に形を変えずにそこに在るって事、忘れないでね」（『NANA』矢沢あい著／集英社）

※129「人生が、何の為にあるかって。それは、大事な人の手を、こんな時に、強く握る為なんじゃないのか？」（『ハチミツとクローバー』羽海野チカ著／集英社）

※130「自由に楽しくピアノを弾いて、何が悪いんですか⁉」（『のだめカンタービレ』二ノ宮知子著／講談社）

※130「さあ、楽しい音楽の時間デス」（『のだめカンタービレ』二ノ宮知子著／講談社）

※131「あたしは仕事したなーって思って死にたい」（『働きマン』安野モヨコ著／講談社）

※132「敬遠は一度覚えるとクセになりそうで」（『タッチ』あだち充著／小学館）

※133「1つ教えてやるぜ。バスケットは算数じゃねぇ」（『スラムダンク』井上雄彦著／集英社）

※133「あきらめたらそこで試合終了ですよ」（『スラムダンク』井上雄彦著／集英社）

※134「私は会社と……恋愛したい」（『サラリーマン金太郎』本宮ひろ志著／集英社）

◆hint56

※135『ヘッテルとフエーテル』（マネー・ヘッタ・チャン著／経済界）

※136『1Q84』（村上春樹著／新潮社）

※137『吾輩は猫である』（夏目漱石著／岩波書店）

◆COLUMN 6

※138『富嶽百景・走れメロス　他八篇』（太宰治著／岩波書店）

◆hint57

※139「すべすべぽにょ」（『FRaU』2010年7月号／講談社）

※140『国家の品格』（藤原正彦著／新潮社）

※141『猟奇的な彼女』（キム・ホシク著／根本理恵訳／日本テレビ放送網）

※142『最終兵器彼女』（高橋しん著／小学館）

※143『時計じかけのオレンジ』（アントニイ・バージェス著／乾信一郎訳／早川書房）

※144『蹴りたい背中』（綿矢りさ著／河出書房新社）

※145『狼と香辛料』（支倉凍砂著／文倉十イラスト／メディアワークス）

※146『もし高校野球の女子マネージャーがドラッカーの『マネジメント』を読んだら』（岩崎夏海著／ダイヤモンド社）

◆hint58

※147『人生を変える80対20の法則』（リチャード・コッチ著／仁平和夫訳／阪急コミュニケーションズ）

※148『人生を変える!夢の設計図の描き方』（鶴岡秀子著／フォレスト出版）

※149『人生を変える「決断」の力』（コー チ・カルダン著／ベストセラーズ）

※150『行動科学で人生を変える』（石田淳著／フォレスト出版）

※151『人生を変える朝活！』（常見陽平／青志社）

※152『今すぐ人生を変える簡単な6つの方法』（レバナ・シェル・ブドラ著／坂本貢一訳／メディアート出版）

※153『たった1分で人生が変わる 片づけの習慣』（小松易著／中経出版）

※154『人生が変わる感謝のメッセージ』（中山和義著／大和書房）

※155『人生が変わる！「夢・実現力」』（早川周作著／インフォトップ出版）

※156『運命を変える技術』（加藤眞由儒著／青春出版社）

※157『運命を変える本物の言葉』（桜井章一著／ゴマブックス）

※158『「思考」が運命を変える』（ジェームズ・アレン著／松永英明訳／ベストセラーズ）

※159『運命を変える50の小さな習慣』（中谷彰宏著／PHP研究所）

※160『運命が変わる漢方体操』（朴忠博著／多田理作編／星湖舎）

※161『読むだけで運命が変わる入試現代文の法則』（板野博行著／旺文社）

※162『人生たった2%で運命が変わる』（マーシャ・ヒューズ著／中川泉訳／ビジネス社）

※163『記録するだけダイエット』（砂山聡著／実業之日本社）

※164『読むだけ小論文』（樋口裕一著／学習研究社）

※165『読むだけで絶対やめられる禁煙セラピー』（アレン・カー著／阪本章子訳／ロングセラーズ）

※166『頭がよくなる魔法の速習法』（園善博著／中経出版）

※167『2週間で一生が変わる魔法の言葉』（はづき虹映著／きこ書房）

※168『小学生のための読解力をつける魔法の本棚』（中島克治著／小学館）

※169『営業の魔法』（中村信仁著／ビーコミュニケーションズ）

※170『子どもが育つ魔法の言葉』（ドロシー・ロー・ノルト、レイチャル・ハリス著／石井千春訳／PHP研究所）

※171『凡人が最強営業マンに変わる魔法のセールストーク』（佐藤昌弘著／日本実業出版社）

※172『愛されてお金持ちになる魔法の言葉』(佐藤富雄著／三笠書房)
※173『奇跡のリンゴ』(石川拓治著／ NHK「プロフェッショナル仕事の流儀」制作班監修／幻冬舎)
※174『奇跡が起こる半日断食』(甲田光雄著／マキノ出版)
※175『人生に奇跡を起こすノート術』(トニー・ブザン著／田中孝訳／きこ書房)
※176『奇跡の居酒屋ノート』(松永洋子(新橋・有薫酒蔵女将)編著／洋泉社)
※177『自分で奇跡を起こす方法』(井上裕之著／フォレスト出版)
※178『奇跡の経営』(リカルド・セムラー著／岩元貴久訳／総合法令出版)
※179『デザインが奇跡を起こす』(水谷孝次著／PHP研究所)

◆hint59

※180「2010『モデル維新』始まる」(『SPUR』2010年6月号／集英社)
※181「映画de 処方箋 ベスト10」(『CREA』2010年6月号／文藝春秋)
※182「今すぐ入門！即効『脚やせ道場』」(『MAQUIA』2010年6月号／集英社)
※183「発表！ 10人のオシャレ内閣」(『STORY』2009年12月号／光文社)
※184「乙女のための危機管理委員会」(『SPUR』2010年1月号／集英社)
※185「ＣＲＥＡ働く母委員会本日設立です」(『ＣＲＥＡ』2010年1月号／文藝春秋)

◆hint60

※186『レバジッジ時間術』(本田直之著／幻冬舎)
※187『IDEA HACKS!』(原尻淳一、小山龍介著／東洋経済新報社)
※188『アライアンス仕事術』(平野敦士カール著／ゴマブックス)
※189「実録『モテ・ロンダリング』報告」(『anan』2010年1697号／マガジンハウス)
※190「女のデフレ」(『SPA!』2010年4月6日号／扶桑社)
※191「合コン四季報」(『SPA!』2010年1月12日号／扶桑社)
※192「夫婦間BtoB取引で円満」(『ＡＥＲＡ』2009年8月3日号／朝日新聞出版)

◆hint62

※193 追求ワイド特集「人気者の化けの皮」(『週刊文春』2010年4月22日号／文藝春秋)
※194 ワイド特集「ルージュの戦士」(『週刊新潮』2010年5月27日号／新潮社)

◆hint65

※195『マスコミ電話帳2010年版』(宣伝会議)
※196「これでカンペキ！ 花粉症対策2010」(『日経WOMAN』2010年3月号P123から転載／日経BP社)
※197「『売れる原因別』最新マーケティング理論が悩み解決！」(『プレジデント』2010年3月29日号／プレジデント社)
※198「ツイッター最終案内」(『SPA!』2010年3月2日号／扶桑社)

◆hint66

※199「萌えと盛りで世界を制覇！ 50万部突入号」(『Popteen』2010年５月号／角川春樹事務所)
※199「春の安盛りファッション大運動会！」(『Popteen』2010年５月号／角川春樹事務所)
※200「この春、頭盛りが可愛い」(『Popteen』2010年４月号／角川春樹事務所)
※200「初心者でも絶対盛れる！ はじめてのメイクBOOK」(『Popteen』2010年４月号／角川春樹事務所)
※201「読者1000人の『神盛りコスメ』パレード！」(『Popteen』2009年11月号／角川春樹事務所)
※202「新春アゲ盛り！『春をかなえる』メイクスペシャル」(『Popteen』2010年２月号／角川春樹事務所)
※203「気になる読モの『盛りプロフ』MAX！」(『Popteen』2009年12月号／角川春樹事務所)

◆hint68

※204『ある広告人の告白』(デイヴィッド・オグルヴィ著／山内あゆ子訳／海と月社)

◆COLUMN 7

※205『服従の心理』(スタンレー・ミルグラム著／岸田秀訳／河出書房新社)

◆hint71

※126「おともだちパンチ」『夜は短し歩けよ乙女』(森見登見彦著／角川書店)
※126「ロマンチック・エンジン」『夜は短し歩けよ乙女』(森見登見彦著／角川書店)

◆hint72

※206「さらば"痛勤"! 急増する自転車ツーキニスト」(『日経ビジネスアソシエ』2010年5月4日号目次から転載／日経BP社)
※207『心でっかちな日本人』(山岸俊男著／筑摩書房)
※208「文武両脳」(『edu』2010年４月号／小学館)

川上徹也（かわかみ　てつや）

「言葉の力」を駆使して、会社・商品・個人を“売れ続けるブランド”にするコピーライター＆クリエイティブディレクター。湘南ストーリーブランディング研究所代表。大阪大学人間科学部卒業後、広告会社勤務を経て独立。50社近くの企業の広告制作に携わるなかで、「キャッチコピー力」に磨きをかける。東京コピーライターズクラブ新人賞、フジサンケイグループ広告大賞制作者賞、広告電通賞、ACC賞など受賞歴多数。2008年よりビジネス書作家としても活躍。著書に、『仕事はストーリーで動かそう』『価格、品質、広告で勝負していたらお金がいくらあっても足りませんよ』（以上、クロスメディア・パブリッシング）、『あの演説はなぜ人を動かしたのか?』（PHP新書）など。

キャッチコピー力《りょく》の基《き》本《ほん》

2010年 8 月 1 日　初 版 発 行
2023年 8 月10日　第20刷発行

著　者　川上徹也 ©T.Kawakami 2010
発行者　杉本淳一

発行所　株式会社日本実業出版社　東京都新宿区市谷本村町 3－29 〒162-0845
編集部　☎03－3268－5651
営業部　☎03－3268－5161　振　替　00170－1－25349
https://www.njg.co.jp/

印 刷／堀内印刷　　製 本／共 栄 社

ISBN 978-4-534-04734-2 Printed in JAPAN